JN253707

「ことば・表現・差別」再考

おとなの学び研究会 編

解放出版社

はじめに

部落解放・人権研究所の月刊『ヒューマンライツ』が、「「ことば・表現・差別」再考」をテーマに特集を組んだのは、二〇一〇年一〇月号である。その経過は、本書の「「かわいそう」からはじまった」（浮穴正博）に詳しい。「ことば・差別・表現」について企業、行政、部落解放運動、社会教育、研究者、など多様な立場からモヤモヤと悩んでいることや考えていることを出し合ったのがこの特集である。

あえて「正解」を求めていないこの特集にたいして、予想外に読者からの大きな反響があり、その後、重ねて反響編や総集編が編集されていった。

最初の特集執筆者の中心は、「おとなの学び研究会」である。この研究会は、『おとなの学び――人権研修リーダーのために』（解放出版社、二〇〇八年）に関わったメンバーが中心になって、二〇〇八年六月ころから「（人権をベースにした）まじめなおしゃべり」をどう活性化するかをテーマにしてほぼ1カ月に1回あつまってきた。その成果は、『おしゃべりの道具箱』（解放出版社、二〇一〇年）として結実している。

本書は、「「ことば・表現・差別」再考」特集をきっかけに、その後、編集された「反響編」「反響編Ⅱ」「総集編」を時系列に掲載している。さらに特集を研修教材として使用した実践例やその後、あらたに研究会に参加したメンバーが執筆に加わった。また、二〇一五年一月の「シャルリー・エブド」事件をもとに『ヒューマンライツ』三月号に掲載された新たな論考「こう考える」（西谷隆行）も加え、最近の議論を含めた。

今回、わたしたちが「「ことば・表現・差別」再考」をテーマに単行本の刊行をしたいと考えたのは、つぎの理由による。

第一に、このテーマについて研修依頼が続いていることから、職場や地域の人権研修担当者にとっては、その後も強い関心のあるテーマであることがうかがえることである。

第二に、「(正解を見出せず) モヤモヤすることを大切にしよう」「思考停止に陥らず、文脈や状況を踏まえて考え続けよう」「そのための対話を大切にしよう」というおとなの学び研究会のメッセージは今日でも、いや、現在でこそより意味を持つと考えるからだ。

第三に、本書はエッセイを中心とした単行本として刊行しているが、あわせてエッセイを使った研修実践も掲載している。読者のみなさんが実践例を参考にして、日常の生活で生み出されることばを切り口にして差別について考える「教材」となりうると考えたのである。研究会の岡田耕治が紹介し、いまや研究会メンバーが愛用する「ワールド・カフェ」という話し合いの方法もぜひ試してほしい。

わたしたちの生活の中で生きている表現について「差別なのか」「差別ではないのか」「どう考えるのか」という問いから始まった特集だが、本書は、いわゆる差別表現についてだけ論じているのではない。「ふつう」や「カンケイない」といった何気なく使っていることばを通じて自分の立ち位置やものの考え方を問うている論考も含まれている。さらに、職場で人権を基礎にした豊かなコミュニケーションを創り出そうとする葛藤から生まれた論考まで広がっている。何よりも、ことばが自分の生き方や人間同士の関係性を反映しているという発見がさまざまなアプローチで語られている。

さいごに、わたしたちおとなの学び研究会に賛同し本書への掲載を快諾してくださったみなさまに心からお礼を申し上げたい。また、出版にあたって月刊『ヒューマンライツ』の原稿を使用することを了承してくださった部落解放・人権研究所、編集にあたってお世話になった解放出版社事務局長の高野政司氏に感謝の気持ちを伝えたい。

その後も「おとなの学び研究会」は、企業、行政、学校教育、大学教育、社会教育、部落解放運動、男女共同参画などに携わっている実務者（OBも含む）を中心に多いときは二〇人近くもあつまって、飽くことなく例会を続けている。ここで生まれる豊かな対話からつぎに何が創造されるか、わくわくしている。

二〇一五年九月一六日　安保法案に反対する「民の声」を聞きつつ

おとなの学び研究会出版世話人

岡田耕治、浮穴正博、西村寿子

「ことば・表現・差別」再考◆目次

はじめに 003

第1章 「ことば・表現・差別」再考のはじまり 013

「かわいそう」からはじまった◆浮穴正博 015
カンケイない？◆岡井寿美代 023
差別的な表現の現在《いま》◆平山藤五 026
ある企業の取り組み◆大西英雄 029
行政の担当者として悩むこと◆笹野貴広 034
「ヤバイ」は〝やばい〟◆鶴岡弘美 038
なぜ、再考するのか◆西村寿子 041
言葉・表現を考える……今一度◆竹内 良 045
もう一度「ことば・表現」を考える◆西谷隆行 054
ことばの豊かな使い手に◆岡田耕治 062

第2章 反響編

気持ちにきちんと寄り添っていく風土づくり◆佐藤文彦 069
私が使いたいことば◆寺原裕明 074
「人権文化を豊かにする」方向で◆平沢安政 076
ことばを意識すると行動が変わる◆野中祐加 080
暮らしの中にこそ人権感覚を◆川西なを恵 083
イメージをひろげる言葉◆大森直樹 087
「かわいそう」から考える◆臼井敏男 090
ほんとうに「かわいそう」からはじまってしまった◆浮穴正博 094

第3章 さらなる反響編 105

ことばは生きている◆上杉考實 107

「女」のつく漢字が気になる!?◆長谷川美穂 112

『トイレの神様』とカルチャーショック◆守帰朋子 119

ことばは〝音〟とともに◆福寿みどり 123

らしい言葉・らしくない言葉◆川野憲二 128

「触れてはならない感」に気づくとき◆くぼたかし 130

「障害」をめぐることばの問題を、人権の視点から考えるために◆松波めぐみ 140

第4章 出会って話そう――「いってもいいかも」編 149

対話から深まる「もやもや」と「こだわり」◆岡田耕治 151

「いっていいかも」に参加して「思考停止しない」の先へ行きたい◆白米一満　164
「いっていいかも」に参加して「『なぜ』と問いかける」責任◆宇仁田 元　166
「いっていいかも」に参加して　コミュニケーションを成り立たせるもの◆蔵田和子　168
特集「「ことば・表現・差別」再考」を使った研修例◆浮穴正博　170
ガッツせんべい　思考停止を解除◆くぼたかし　177

第5章　いま、改めて考える

179
こう考える。◆西谷隆行　181
〝しかたがない〟のは自分しだいですか◆西村信子　188
人権意識ゆたかな感性を育てること◆山本淑子　190
こわがらずに半歩前へ！◆川辺桔梗　193
人権研修の基本は話し合える関係づくり◆カルロス　197
良好な人間関係をつくる魔法の学習方法◆鷹家誠治　201

第1章

「ことば・表現・差別」再考のはじまり

「かわいそう」からはじまった

浮穴正博

◆ことばを断つ

「それ（かわいそう）は差別やで」。

理由を説明されるでもなく、突然そう言われたのは、ぼくが二〇歳のときだった。「部落問題」という社会問題に出会ったばかりで、はじめて意識して部落（当時は「被差別部落」「未解放部落」とも言われていた）に足を踏み入れようとしたときに、思わずぼくの口からもれたことば（かわいそう）に対する先輩の指摘だった。

単純で無知で、たぶん素直でもあったぼくは、問い返すことも深く考えることもなく、ただ先輩に言われたからというだけで、とにかくしばらくは「かわいそう」ということばを断ってみようと決意したのだ（この経験は、部落解放・人権研究所編『おとなの学び――人権研修リーダーのために』〔二〇〇八年、解放出版社〕の九九ページ以下で紹介している）。

日常生活で、思わず「かわいそう」と言ってしまいそうな場面でそのことばを使えないというのは、けっこうつらいものである。代わりになることばが見つからず、じっと相手の顔を見つめているしかないという場面も何度かあったように思う。そんなことを繰り返しながら学生生活の四年間が過ぎた。だがその時間は、同時に、「かわいそう」というのが「上から相手を見ている」ことばであり、対等な人間関係で用いるにはふさわしくないのではないかということに気づかせてくれた四年間でもあったのだ。そんなことがようやくわかって、卒業と同時に「かわいそう」は解禁した。二四歳になっていた。

思い起こせば、さまざまな「ことば」たちとぼくとのつき合いは、四〇年以上も前の「かわいそう」からはじまっているような気がする。

ここでは、被差別の立場にある人びとを直接的に侮辱し罵倒しようとする、いわゆる「差別用語」には触れない。そんなわかりやす過ぎることばではなく、おそらく多くの人たちを悩ませているであろう、使うときには思わず迷ってしまうかもしれないことばについて、賛否両論があるのを承知の上で、一つの問題提起として書いてみたい。

◆「かたおち（片手落ち）」と「てみじか（手短）」

ぼくが、思わず書いたり口から発したことばで、最初に「おかしい」と指摘を受けたのは「かたておち」であった。障がい者に対する配慮に欠けるというわけだ。ある団体の機関紙に書いたものなのだが、次の号で訂正したように記憶している。

その次は「てみじか」である。「時間がないので、てみじかに」という発言で、あとで『てみじか』は気になりました」と言われた。そのときは「ああそうですか」ということで終わったような気がする。

本稿を読まれているみなさんには、そんな経験はないだろうか。

よく考えてみると、身体の一部を使ったことばは数知れずある。「足（車）がない」「足がある（速い）」などは日常よく使われている。「（甘いものに）目がない」「手も足も出ない」「（何とか）目鼻がつく」「（忙しくてそこまで）手が回らない」「（借金で）首が回らない」、入学試験などでの「（六〇点以下は）足切り」というのもある。辞書を開くまでもなく、これだけのことばを即座に思いつくのだから、実際にはもっと大量にあるに違いない。

「障害者」を「障がい者」と書き換えることも多くなったが（かく言うぼくも使っているのだが）、

「障」だって「さしさわり」ではないかと思ったりもする。このように、使うときに悩ませるというか、迷わせるというか、疑問を抱くようなことばは、数え上げれば際限がないだろう。

不動産広告などで使われる「徒歩〇分」や「足もとの悪い中……」の是非が話題になることすらある。そうなってくると、運動会の「障害物競争」はそのままでいいのかしらん、などと余計なことを考えてしまったりする。最近、ある大学の教授から「視点」ということばにもチェックが入るという話を聞いたときには、さすがに腹の中で「エエかげんにしてくれよ」と思っていた。

こう書いたからといって、ぼくは「古くからあたりまえに使われていることばだから、気にせずにこれからもどんどん使えばよい」と居直ろうとしているのではない。ことばを吟味することは大切なことだ。使うときにさまざまな配慮をしなければならないことも言うまでもない。だれかを傷つけているかもしれないと気づいたら、使うべきではないだろう。

目の不自由な人に「初めてお目にかかります」といってしまったことを悔いている友人がいる。そんな、反省というか配慮というか、ことばを選ぶという作業は、やはり必要なのではないかと思う。

◆「健常者」と「男」が作ってきた

ここでちょっとした発見があった。それは、もし手に何かしらの障がいを持っている人がことばを作っていたとしたら「かたておち」や「てみじか」などということばは創作しなかったのではないかということだ。

同様に、女偏の漢字にはひどいものが多いとはよく言われることだが、もし女が漢字を作っていたら「奴（めしつかい）」や「婢（はしため）」や「姑（しゅうとめ）」にはなっていなかったのではないだろうか。

ここまで考えてきて気づいたことがある。それは、ことばや漢字は健常者と男（強者）の主導で創作されてきたのではないかということだ。

◆ぼくの現在地

では、ぼくは今、どこにいるか。

ぼくは、よほど「挙げ足取り」（挙げ足！）的なものでないかぎり、自分で気づいたり、人から指摘されて、それを自分が納得したことばは使わないようにしようと思っているし、そうしてきたつもりである。だからといって、人がそれを使っているのを、（よほどひどいと感じるのは別にして）「目くじらを立てて」（目くじら！）指摘し、納得させる自信は、まだない。黙って「大目に見る」（大目！）ということか。

さらにいうと、ぼくは六〇年余の人生の中でさまざまなことばによって多くの人たちを傷つけ、不愉快な思いをさせてきたこともあるはずだし、させられたりもしてきた。そんな体験を繰り返した末に、今では、たとえば学歴や学校歴、既婚・未婚の別、家族構成、年齢、人の外見の評価などについては、必要がないかぎり自分から世間話の話題にはしないようにしている。「そんな不自由な」という人もいるだろう。「それではなんにもしゃべられへん」なんていう人もいた。しかし、そのことばによってどこかでだれかを傷つけるかもしれないと気づいたなら、しゃべったり書いたりしなければいいだけのことなのだ。

実際にやってみればわかる。

ぼくは、何年もそのように心がけてきたが、そうすることによって、これまでに何の不自由も戸惑いも問題も感じたことはない。そんなことは、冒頭に書いた、四〇年も前の、「かわいそう」ということばを四年間断ったときの苦痛に比べれば、まったく問題にもならないくらい楽なことだ。

それよりも、けっして忘れてはならないのは「ことばや漢字は健常者と男（強者）の主導で創作されてきた」ということではないだろうか。しかも、それらは強者によってもてあそばれ、弱者を貶めることに利用されてきたのではないかということだ。

今の社会が、「ことば」や「漢字」だけではなく、さまざまな分野で、「強者」の論理によって導かれているのではないだろうかということを、いつも念頭において物事を判断したいというのが、もしかしたら、ぼくの現在地なのかもしれない。

◆さらなる議論を

本稿を書きながら、ことばとは、果てしなく長い時代を生き抜いてきて、生命力が強く、そのうえ、いかようにも変化することのできる、したたかな生き物なのだとつくづく思った。同じことばが、話したり書いたりする時代や場面、場所、聴き手あるいは読み手との関係性などの諸条件によって、その意味を大きく変化させるからだ。

「日本の人権宣言」とも言われ、故住井すゑをして「水平社宣言は人類の詩だ」（住井すゑ・福田雅子『水平社宣言を読む』解放出版社、一九八九年）と言わしめた「水平社宣言」は、冒頭で「全國に散在する吾が特殊部落民よ團結せよ」と呼びかけている。さらに、終盤では「吾々がエタである事を誇り得るときが来たのだ」と高らかに宣言しているではないか。だが、この「差別用語」満載の「水平社宣言」を差別文書だと断じた事例を、寡聞にしてぼくは知らない。

これまで書いてきたことを、どのように考え、評価し、どのように行動するのかは、お読みになったみなさんの判断に委ねるしかない。

この文章を書くにあたっては、ずいぶん迷い、悩んだ。書いていることの内容に自信も確信も、じつはない。しかし、その裏側で、本稿と本書に掲載されている他の人の文章を読んで、「ことば」についてどんな議論が沸き起こるかを想像して、ワクワク楽しみにしている自分がいることも事実だ。

この特集に大きな反響が寄せられることを期待したい。

カンケイない？

岡井寿美代

私は、この二年ほど、「おとなの学び研究会」の一員として、大いにおしゃべりを楽しんできました。今回、浮穴さんの「「かわいそう」からはじまった」を読んで、ふと、自分の高校生のころを思い出しました。

地元の高校へ進学するときに、障がいを持った仲間のことを考えて受験するという熱い使命感もあったせいか、入学してから、自分ができることを模索していました。

まずは、担任にその思いを伝え、ぜひともクラスの中で日常茶飯事に話されている、部落や障がい者に対する否定的な内容について、話し合う時間がほしいということをお願いしたのです。

しかし、残念なことに、担任は、「それは、中学校での問題で、高校で話し合うことではない」と一蹴したのです。若かったこともあってか、そんな言葉は想定内と開き直り、他のクラスの担任にも、友だちとかけ合い、その担任から、教員の学年会議で論議してもらえるよう、作戦をねって挑みました。

ようやく、数名の担任の同意を得ることができ、いくつかのクラスのＬＨＲ（五〇分間の学級会）で話し合えるチャンスができました。当然、私は、自分の立場をＬＨＲの小集団で話しました。

そのときに、とっても信頼していた男友だちが、「俺は、部落ということは気にしいひんけど、恋愛でつき合うとなると親兄弟は反対するやろなあ」と発言し、また、あまりつき合いのないクラスメイトは、「そんなん、あんたが部落でも気にしいひんよ。そんなん、関係ないやん。そんなん、みんな同じやねんから、あんたも気にせんとき」と言ったのです。

そのとき、私は、猛烈にショックをうけたのです。それは、中学時代から長くつき合ってきた男友だちの発言も、ほとんどつき合いのなかったクラスメイトの「励まし」の言葉も同等だったからです。

その小集団の話し合いで、私は「関係ないってどういうこと？　気にするとか、気にしないってどういうこと？　私は、ちゃんと私という人間が部落という立場を持っていることを気にしてほしいねん」と、かなりとがった感じで発言して、その話し合いを終わらせたのです。

この二人の友人に、差別意識があるかどうかは、わかりません。現に、差別表現はなかったからです。なのになぜ、心が張り裂けそうになるくらい、悲しかったのか？

それは、私個人が、部落出身者であるということを全面否定されたと思い込んだことと、もう一つは、軽く受け止められたということだったのです。今となっては、自分にだけスポットを当てたやり取りだったのかもしれません。あのとき、強引に話し合いを終わらせず、「なぜ、あなたは、そんな風に考えたり、思ったりするの？」と質問できていれば、ひょっとしたら落ち込まなくてもよかったかもしれません。

何が差別で、何が違うのか？　何のために、差別するのか？　差別をすると、誰が得をするのか？　誰が、損をするのか？　どうやって、差別していくのか？　どうやったら、なくなるのか？

このことにこだわっていた一六歳の私と、今の私は、ある意味同じなのかもしれません。

だからこそ、こんな原点回帰のおしゃべりを「おとな」と深めていくことが、私のエンパワメントの素かもしれません。

差別的な表現の現在《いま》

平山藤五

いわゆる「差別語」に関する議論はすでに相当程度されている。過去「差別的な表現」として問題視された事例をまとめた書物も、何冊も上梓されている。ここで、汗牛充棟をいとわず議論することの意味は、まさに再考、今日ただいまの視点でこの問題をどう考えるか、だろう。

具体的に語ろう。言葉を論ずるにあたっては、きちんとした議論が必要だと思う。たとえば、在日コリアンの人のなかには、魚屋さんの看板の「鮮魚」という文字を見てさえドキッとする人もいるし、また、あるアイヌの女性は、街で「アイスクリーム」という旗を見ても、自分を名指しされているように感じたという。このことはかなり象徴的な意味を持っていると。確認しておくべき第一は、まさにそのように辛い体験を持つ人が厳然と存在するという重い事実を私たち一人ひとりが認識する必要があるということだ。そのうえでなお、「鮮魚」の看板や「アイスクリーム」の旗に罪はないということだ。日本中の鮮魚の看板やアイスクリームの旗を取っ払ったって、その人たちの痛みは消えない。いや、他のところで「祖父は鮮魚商をして、家族を養った」等という文章に出くわさないという保証はまったくないからだ。私たちにできる最低限のことは、不用意に言葉を使わない、無意識に何の気なしに使わない、ということだろう。「何気なしに使ってしまった」「そんな意図は毛頭なかった」「言われてみれば必ずしも的確な表現ではなかった」などの言い訳を後でしなくてもすむよう、これこれこういう意図があって、この文脈では、この言葉しかふさわしい表現がなく、ときちんと説明ができることが必要だろう。言葉に対する感受性を高めるとは、決して一つの言葉のもつマイナスの側面にのみ着目することではない。マイナスの面に着目して、これは使わない、あれも使わないと語彙の選択の幅を狭めることではない。

一方で、いわゆる「差別語」という言葉も厳然として存在することも事実だろう。それは、その言葉がそもそも差別的な意図をもって創出され、差別的な意図をもってしか使われてこなかったというものだ。たとえば、「特殊部落」という表現だ。この言葉は、部落改善政策のなかで、官製語として、被差別部落をさす言葉として創出された。以降、差別的意図をもって使われ続けた。だからこそ、この言葉を安易な比喩的表現として使うことに対し厳しく指弾されてきた。このことはきちんと確認しておく必要がある。

ネット上には、差別語一覧のようなものがのっている。そういうものを見て、「ネットで見ましたが、この言葉は使わないほうがいいのですか」ということを聞かれることがある。なかにはかつてメディアで使われていた、十数年前のものをそのまま転載したとおぼしきものもある。単に、言葉そのもので判断するのではなく、文脈のなかで判断すべきという基本的な考え方は、一般にも広く浸透しているにもかかわらず、である。

こうしたことの背景には、瞬時に判断を求められる場合や、企業が広報誌など対外的な情報発信の過程で、リスク回避的な判断にたちやすいという背景があるような気がする。言葉の微妙なニュアンスの違いよりもリスク回避の方を重要視するという姿勢だ。だから、厳密な意味での用語法ではなく、ほぼ近い意味の言葉による言い換えが横行したりする。このことは、繰り返していえば、言葉に対する感受性を高めることにならないし、また、言葉の世界をやせ細らせることにもなる。

ある企業の取り組み

大西英雄

言葉と差別について、何が差別にあたるのか、何を基準にしたら良いのか、また、差別にあたる言葉とその理由を一覧表にしたものを作成してもらいたい、などの声がある。このことは、私が人権の担当になってからも数多く論議されてきた。

次の事例は、ある企業の一〇年前から今日までの取り組みである。

◆広報誌での差別表現の啓発記事について

A企業の広報誌に掲載の人権学習シリーズに「『片手落ち』『つんぼさじき』『めくら判』等の言葉が差別語、差別表現にあたりますが、その判断基準はなんでしょうか」という次の内容の記事が掲載された。

うっかり「めくら判」を押して、後でとりかえしのつかないことになった。この場合

「めくら判」とは、見もしないで判を押す、内容を十分確認しないで判を押す、といったように、いわゆる慎重さと責任感に欠けた行為のたとえをあらわしていますが、目の不自由な人の立場でこの言葉を聞いたとき軽蔑的に聞こえ、いかに人の心を傷つけた表現であるかは障がい者の立場にたってみてはじめてわかることなのです。同じように「片手落ち」（不公平、不十分、腕の不自由な人）、「つんぼさじき」（仲間はずれ、疎外された場所、聞こえないところ）などがあります。

身体障がいに関して直接的、比喩的な表現は明らかに差別語、差別表現となります。どんな言葉でも差別意識で使用すれば差別語、差別表現となりますが、その判断基準として次のようなことが考えられます。

- 個人や集団を侮辱したり、嫌悪・嘲笑し、そのことによって自己の優位を保持しようとする言葉
- 部落差別や身体障がい、職業差別などの個人の人格、人権を侵害、またはこれを容認、助長する用語・表現
- 特定の国民、民族、人種をさげすむような表現
- 個人の名誉を傷つけたり、人間の尊厳を損なったりする言葉・表現

というものであった。

◆社内文書での「片手落ち」表現について

しかしながら、Ａ企業の広報誌が社員に配布された数年後に、その企業で「片手落ちの観は否めない」との表現を含んだ文書が、印刷され全国に配布された。

その文書を見た人権を担当する部署は、次のように指摘した。

「この『片手落ちの観は否めない』という文言は、明らかに差別語であり、人権研修を続けているにもかかわらず、社内文書に掲載されていることについて、問題にせざるを得ません。この件についてなぜ問題にするのかといいますと、①文書を書く人は、あらゆる人権の視点で考えて文書を書かなければならないのにできていなかったこと。②発信文書の検討、討議、稟議、印刷等の段階において、多くの社員が係わりを持ったと思われますが、その間に差別語に誰一人気づかず、差別性を見抜けなかったことが問題であり、人権尊重の風土が醸成されていないことが判明し、人権意識がいまだに育ってないという現実が判断される」と。

◆差別用語集の作成について

さらに数年後、A企業の別の部署で「社内・社外あて文書作成マニュアル」を作成しようとした。社内・社外あて文書の中に差別語等がないかチェックをするために「差別語・差別表現について」を作成し巻末に入れていた。

人権を担当する部署から、この「差別語・差別表現について」を巻末に入れた理由を問われた作成部署は「人権尊重の観点からも、また、社内・社外あて文書に『片手落ち』等の表示上のトラブルを避けるため、作成部署として入れたほうが良いと判断して作成した」と回答した。

その回答に対して人権を担当する部署は、「差別用語を誤って使用しないようにすることは、リスクマネジメントの一つであるが、真の人権意識の向上に寄与するものではないし、一〇〇%対応できる『差別語・差別表現について』を作成することは不可能であり、むしろ不完全なものを作ることによって、差別を広げる公算が大きい。差別用語・発言となるか否かは、発言・記載された言葉そのものと発言者の意図に人権を侵害するかもしれないと考えられる場合は差別語になると考えられる。人権を担当する部署として差別用語集の作成には反対である」と指摘した。

なお、現在、A企業では、不快に感じると思われる方がおられるのなら「身体に関わる言葉での表現はしない方が良い」という判断で企業内の人権研修では説明を行っているが、はたして、それが差別発言の防止につながるのだろうか。

◆言い換え集ではなく

私は企業の中で、言葉と差別の関係について、言い換え集で対応できるものではなく、人権研修を重ねることによって人権感覚を研ぎ澄ませることが重要ではないかと思われる。しかしながら、差別する意図がないが結果として差別することになるような発言や表現が、日常の会話の中であることがあるが、不快だとか差別性が含まれていると指摘されたら、その理由を聞いて納得できるものなら素直に「差別する気持ちはありませんでしたが、不快な思いをさせてごめんなさい」と謝ったらどうかと思う。

さて、みなさまはどのようにお考えだろうか。

行政の担当者として悩むこと

笹野貴広

◆養老院という言葉

「養老院は使ってはいけない言葉でしょうか?」。ある日、市民から一本の問い合わせの電話があった。そのようなことを今まで考えたこともなかった私は明確な回答を持っていなかったので、とりあえず「調べてみます」と言って電話を切った。

そう言えば、高齢者に対して「養老院に入れる」とか「養老院に預ける」といった言葉を耳にしたことはあるが、最近ではまったく聞かなくなったように思う。それは良い意味で使われていないことは私にもなんとなく理解できるのだが、使ってはいけない言葉かどうかという判断はできなかった。

そこで養老院について調べてみると、名称としての歴史は古く、老人ホームの旧称とある。それならば特に悪いイメージを与えるものではないのではないか。私が漠然と抱いていたマイナスのイメージは払拭されたのだが、やはり不快に感じる人はいるようだ。というのも、養老院だった当時は、今と比べて家族構成や福祉に対する社会の認識が異なり、高齢者の面倒は当然家族が看るものだという考え方が一般的であったため、養老院は身寄りのない、かわいそうな人が入るところだと思われていたことが影響しているという。

後日、その市民の方には、養老院は過去に高齢者を侮蔑するような意味で使われていたので控えるべき言葉かもしれないが、養老院そのものは決してそれを意図して作られたものではないということも合わせて説明し、判断はあなたに任せますと回答した。

◆イラストに見られる偏見や固定観念

これをきっかけに、私は人を侮蔑したりする言葉や表現について少しずつ意識するようになった。つい最近も、朝鮮半島の人のことを「チョンコ」と何度も口に出す高齢者に出会ったり、また「未亡人」「婦女子」という言葉も気になった。ちなみに、未亡人とは、夫が死んでも〝未だ亡くならない人〟というふうに解釈できるからである。

そして、人を不快にさせたり侮蔑したりするのは、なにも言葉に限ったことではない。冊子や本などに掲載されているイラスト（挿絵等）にも、偏見や固定観念がたまに見受けられるのである。たとえば、外国人の髪は金髪で肌が白色であったり、エプロン姿で箒を持って掃除をしている中年女性、また母親と子どもが手を繋いで買い物に行く場面があった。これらを一つひとつ丁寧に見ていくと、外国人、女性、家庭とは「このようなものだ」という固定的なイメージの存在が見え隠れしているのに気づく。たかがイラストと思われるかもしれないが、それを目にした人は無意識のうちに偏見や固定観念が刷り込まれるのではないかと、私は危惧せずにはいられないのである。

◆発信する側も受け取る側も

このように、私たちが普段何気なく使っている言葉やイラストなどの表現は、無意識のうちに相手を傷つけ、また偏見や固定観念を押しつけてしまっている可能性がある。

このことに気づけば、イラストなどの表現は単にデザインを変更するだけで済むが、言葉に関しては、養老院のように表面的な解釈だけが一人歩きをし、その本旨が忘れ去られているような言葉も多々あると思うので、一方的に「この言葉はダメ」と即断してしまうのではなく、確信的に差別を助長し、侮蔑的な意味として作られたような言葉も含めて、本来の意味や解釈について少し立ち止まって冷静に考えてみることが必要ではないだろうか。

また、当然のことながら、言葉の意味づけや解釈は人によって異なるものである。ある人は、養老院、未亡人は使ってはいけないと思うかもしれない。しかし私は、養老院は状況次第で使用しても良いと考えているし、逆に未亡人は使用することの必要性はまったく感じていないのである。このことは言葉を受け取る側でも言えるだろう。

つまり、言葉やイラストなどの表現の問題は、発信する側だけの問題ではなく、受け取る側もその意味に気づき、本質を捉え、そして自ら判断することが必要ではないだろうか。そして、そういった力を身につけることこそが、まさに人権教育・啓発が目指すところの一つだと思うのである。

「ヤバイ」は〝やばい〟

鶴岡弘美

◆私を切り裂いた「ヤバイ」

「その指、ヤバイんちゃう?」……。これからはじまろうとする和太鼓のコンサートで、メンバーが輪になり、各々の片手を重ね合わせて意気を上げようとしていたとき、私の手を見た近くにいた少年が発した言葉である。あまりの突然の言葉に、私は何も言い返せなかった。ただ、ただ悲しく、残念だった。「あんたにそんなこと言われる筋合いはない!」と言いたかった。

「やばい」という言葉を辞書で引いてみたが、出てこない。一般的には「困った状態」「弱った状態」を意味する言葉だと思うが、辞書にないのには驚いた。困った状態に対して、「それは大変だ! どうにかしなければ」という温かい心遣いと対応策が示されれば、ありがたくうれしい気持ちにもなるが、この少年の場合、残念ながらそのニュアンスは薄く、ただ奇異なものへの軽蔑感だけが感じられた。

私の両手の指は、数年前から第一関節の部分が徐々に節くれ立つようになり、硬縮感を持つようになっていた。以前に比べ、ペンを持つにも違和感があり、和太鼓のバチを持つときもしっかりと握れなくなってきている。お医者さんからは「老化現象の一種、遺伝的なもの」と言われた。完治を望む場合は、切開して出っ張ってる骨を削るほかないらしい。そんな痛いこと、私はごめんだ。

◆この手指を抱きしめて

知人の看護師さんが私と同じ症状を訴えていた。「身体のあちこち、ボロボロや。手もこんなになってしもうて。もう、アカンわ」と片手の甲をもう一方の手でピシャリと叩いて嘆いておられた。「何がアカンの!? この手がこれまで、どれだけの仕事をしてきたと思う? いっぱいしてきてるよ。看護師さんなら、なおさらやん。アカンなんていうたらあかん! 愛しい、愛おしいって思わな」と思わず言ってしまった。自分で言いながら、私は深く納得していた。そして、いつかの少年の言葉を思い出していた。

この手で多くの仕事をしてきた。自分や家族の世話、両親の介護、コミュニケーションをとることも。子どものオムツを替え、抱っこし、食事を作り、与え、洗濯し、掃除し、ペンを持ち、パソコンを打ち、電話をかけ、鞄を持ち、切符を買い……など、数え切れない。

女性美の一要素として求められてきた「美しい手」「白魚のような指」という概念に、どこかで縛られてきた自分がいたことに気づいた。自分の手に自信がなかった私も、今回のことで老いを受け入れ、慈しむことができるようになった。

親から受け継いだ生命の一部分が、自分の人生の歴史を作る上で、大いに働いてきてくれた。社会に一定の貢献をしてきた。この手指をグッと胸に抱きしめて、これからも愛しみ、大切にしていきたいと思う。「ヤバイ!」と言った彼の考え方こそが、実はやばいのだということを彼自身がいつか気づいてくれることを願って……。

なぜ、再考するのか

西村寿子

このテーマは、わたしにとっても悩ましい課題である。「差別と表現」については、過去に何度か社会的テーマとして焦点化した。その一つは、一九九三年の「筒井康隆断筆宣言」をきっかけに起こった議論であろう。差別表現をめぐる議論が、それこそ嵐のような勢いで新聞・雑誌・書籍で巻き起こった。わたしは当時、記事のスクラップをしていたが瞬く間にたまっていったのを覚えている。差別表現をめぐる議論と書いたが、むしろ、メディア表現に対する抗議や問題提起は「言論・表現の自由」に対立するものとして捉えられ、表現に対する問題提起や抗議に対して「言葉狩り」という強烈な表現がメディアに登場したのもこの時期だ。

◆差別表現をめぐる議論の経過

差別表現をめぐる議論について、あるとき、部落問題を中心に出版物をひもといてみたことがある。

一九六〇年代から七〇年代にかけて新聞記事、出版物、テレビ番組中の発言のなかに部落差別表現が頻繁に登場するが、それに対して行われた部落解放同盟による糾弾を契機にして放送局、新聞社など主流メディアの内部で「禁句集・言い換え集」が作成されていくが、これは糾弾という抗議や問題提起に対して、自主規制という消極的な方法で摩擦を回避しようとする姿勢を表すものであった（田宮武『マスコミと差別語の常識』明石書店、一九九三年）。一方で『差別語と差別糾弾』（部落解放同盟中央本部編、解放出版社、一九八八年）では、糾弾の目的は差別語だけを問題にしているのではなく、それを生み出す土壌としての日本の文化を問い直し、人間解放の文化を創造していくことであると繰り返し強調し、両者には大きな隔たりがあった。

主流メディアに対して問題提起を行ったのは、部落解放運動だけではない。障がい者、人種・民族的少数者、女性など多様なマイノリティ市民がメディア表現に対して発言していく。それらに対して主流メディアは、部落問題と同様に、自主規制という消極的な方策を採ってきたのだろう。いま思うと、嵐のような記事の洪水と書いたが、それは、「筒井康隆断筆宣言」を機に爆発したメディア側の不満だったのかもしれない。

表現の自主規制はメディア自身によるものなのに、それを「言葉狩り」と名付けることによって、あたかもマイノリティ市民による問題提起そのものが「表現の自由」を脅かしているという捉え方をつくってきた（部落解放研究所編『表現と人権』解放出版社、一九九四年）。

◆その言葉は誰のため

そもそも、メディア表現に対するマイノリティ市民の抗議や問題提起は、同じ地平で起こっているのだろうか。書く側と書かれる側の力関係の格差を指摘して、メディアが問題提起を真摯に受け止めることによって自らの価値観を問い直し、結果として多文化社会における出版活動を多様にすることにつながると指摘した論者もいる（湯浅俊彦『「言葉狩り」と出版の自由出版——流通の現場から』明石書店、一九九四年）。

考えてみれば、主流メディアを使って表現する側と表現される側の力関係はまったく異なるのに、ある表現に対する問題提起に対して「表現の自由」を平面的に対置させることは、両者がおなじ力関係にあると錯覚させる。

言葉は、自然発生的に生まれるのではなく社会的、経済的、政治的、文化的な諸関係のなかでつくりだされ、それを流通させる仕組みや力が働いて初めてわたしたちの目に触れる。しかも、言葉はものごとの関係性や捉え方を定義しており、さらにわたしたちがその言葉を使うことを通して、言葉が内包する定義がわたしたちの解釈の基礎になっていく。だからこそ、「その言葉は誰が使うのか、使うことによって誰の〝利益〟になるのか、その定義からこぼれ落ちているものは何か」という日常の問いかけが必要なのではないかと思う。

「言葉狩り」という表現は、その後のわたしたちにも大きな影響を与えているのかもしれない。表現活動において何か間違いを起こしてしまったら大変なことになるのではないか、あるいは、ある表現に対して疑問を感じても、そのことを指摘することでまた大変なことがおこるのではないか、とわたしたちの思考を停止させる力をこの「言葉狩り」という表現は持っているような気がする。このとき、「言葉狩り」ではなく、マイノリティ市民の「反論する権利」「差別的表現を拒否する権利」というような表現が流通していたら状況は変化していたかもしれない。だが、そのような表現は、けっして流通はしないのだ。

しかし今日、一九九五年以降のインターネットの爆発的な普及によって、コミュニケーション空間は大きく変わり、差別的な表現をめぐる状況も激変している。だが、特集を組んでみて、わたしたちは「それ以前」の課題と、なお向きあわざるを得ないと感じた。

自由な情報の選択、知識や情報をつくりだすコミュニケーションへのアクセスなど次の段階へ視野を広げていきたいが、それを可能にしていくためにはどうすればよいのだろうか。

言葉・表現を考える……今一度

竹内　良

◆人と人を結ぶ

『ヒューマンライツ』編集責任者の西村寿子さんは、それまで一面識もなかった人同士を結びつけるのがとても上手だ。単に紹介するというだけの意味ではなく、互いが相手を認め合いその主張を理解し、議論を重ねるという関係性にまで高めていく、すなわちコーディネートする特技をもつ。学者・研究者、教員、運動家、行政担当者、人権ファシリテーター、企業担当者などを結ぶ。その結びつきの中から、本まで作ってしまう。最近では「おとなの学び研究会」編の話し合い学習の手引書『おしゃべりの道具箱——手づくり研修のヒントがいっぱい』（解放出版社、二〇一〇年）がそれだ。

この研究会では、さまざまな立場の人びとが、たとえば日曜日の昼下がりから、部落解放・人権研究所に集まり、最近の研修実践事例や受講者感想などをもちより、紹介しあいながら、そこにジェンダーやセクハラ、パワハラの視点が加わり、メンバーの誰か（多分、Uさんあたり）の「それって、も少し突っ込んだらおもろいんとちゃうか」的発言によって掘り下げられ、さらに毎回決まって開かれる居酒屋での飲み会で教材に仕立て上げられていく。この過程で新しい企画案が生まれたりもする。だから居酒屋の予約セッティングは、毎回参加者が交代で担当する重要な役割らしい。

その「おとなの学び研究会」が、また新しい企画を捻り出した。改めて差別語・表現を考えるのだという。このテーマは西谷さんとふたりではじめたこの「ラリーエッセイ」の当初のテーマだ。それならばこの議論にぜひ参入させていただこうということになった。

◆差別語・表現はあるか、判断するのは……

「この言葉、使ってもいいですか」。社内でたまにこんな問い合わせを受けることがある。この場合の問い合わせ者の本意は、「いわゆる差別語に該当するか、だとしたら使ってはいけない言葉か」という趣旨だろう。ここから二つのことを考えたい。

まずはじめに、差別語・差別表現とか、差別用語というけれど、そうした言葉はもともとあるのだろうかということだ。

私はそうした言葉それ自体が独立して存在するわけではないと想う。

言葉は、書いた物も含めて、発信者の意図、受け手側の受け止め方・状況、両者の関係性、その場の状況（研修の場面なのかその他の会話なのか、第三者がいるのか否かなど）、言葉のもつ時代的意味などによって、同じ言葉であっても「差別性を帯びたり、帯びなかったりする」ことがあるのだと想う。それは一見、差別性が何やら紛々《ふんぷん》と漂っていると思える言葉も、逆にまったく差別性はないと一般的には思われる言葉においても同様だろう。そしてこの差別性のあるなしは、文脈の全体の中でこそ判断できることである。この場合の、私の差別性のあるなしの判断機軸は、「誰か人を傷つけることになるかどうか」である。

次いで、ある言葉を「使っていいかどうか」は、差別性のあるなしとは別の視点で、表現者自らが判断するべきことだ。差別的響きがあると判断する言葉であっても、表現者自らの判断で使うか使わないかは決められるべきだ。自己の知識と見識、体験と人を想いやる視点で判断することである。

使って良いかどうかという判断は、他者に委ねてはならない。私たちはあらゆる言葉を自由に駆使したい。自分の想いを、感情を言葉に託し、言ったり書いたり表現したい。人は一人では生きられず、他とのかかわりの中においてのみ生きられる。だから他とのさまざまな方法でコミュニケーションをとることが、生きていく上で必要なのだろう。

ここにおいて表現の自由は最も基本的な人権のひとつだと想う。だからこそ、法はもちろん、権力ある機関にも、なんびとにも、ある表現について「使ってはならない」などという規制をすることを許してはならない。逆に「これは使ってもよろしい」というような、「お墨付き」判断を誰かからもらうというような行為もあってはならない。判断するのはあくまでも表現者自身だ。私たち一人ひとりだ。

ただ一方で、「他者を差別してもよいという表現の自由」は存在しない。だからこそ、自分の言葉・表現は誰かを差別することになりはしないか、傷つけることにはならないかは、よく吟味しなければならないだろう。この吟味を重ねて紡ぎだされる言葉だけが、真に受け手の胸に届くのだろう。

そして、なんびとをも差別しないという言葉もまたないのかも知れない。だから吟味してなされた言葉でも、思いもしないところから、「その言葉、表現は私にとっては差別的な表現だ」という指摘に遭うことがあるかもしれない。そうしたときにはその指摘の声に丁寧に、誠実に向き合いたいと想っている。それはこちらの意図を十分に説明し、話し合うということだ。表現の自由には必ず説明責任は伴う。

説明した結果、相手が納得してくれればそれで良いし、話し合いのプロセスから相手の指摘に耳を傾け、こちらの配慮が足りなかったと納得することもあるかもしれない、そうしたらその言葉・表現は撤回すべきだ。それは言葉・表現の自由を守り、質を高めるための精査だ。また、ときには話し合いは不調に終わることがあるかもしれない。それでも、お互いに相手の主張に耳を傾けた、話し合ったという事実が大事なのだと想う。

ただ、冒頭挙げたような「この言葉、使ってもいいですか」という問い合わせに先に述べたことを答えるだけでは問い合わせた者は困惑することもあるから、もう少し具体的に答えることにしている。すなわち「私だったらその言葉はこう感じる」という主観を披露し、「あなたはどう考える？」という返し方をするようにしている。

◆足のない人、土方、チックタックが……

次に言葉・表現をめぐる具体的なエピソードをいくつかお話しして、前述したこの問題に関する私見の例としたい。

①　言葉の発信者と受け止める側の関係性、とりわけ信頼関係によって、「言葉の差別性」が

変わる例

営業支社勤務のA君の話。彼は若い頃バレーボール部の選手だった。現役引退後は仕事の傍ら、地域のボランティアとしてシッティングバレー（足の不自由な人が床に腰を下ろした状態で行うバレーボール）の指導者をしている。はじめの頃は、コート脇に置かれた義足や車椅子、松葉杖に戸惑ったことも。でもやがて、取り組みを進めるうちに純粋にバレーボールを楽しむ姿に惹き付けられていく。その彼が遠征試合を前に、選手たちに交通手段の確保を確認すべく声を掛けた。「明日からの遠征に行くのに、足のない人いる？」。選手たちは笑いながら「俺たちみんなないよ」と返した。なかには義足を振りながらの人も。彼は言ってしまってから、しまったと想った。でも彼と選手たちの日常の人間関係、信頼関係の中では、彼の発言をとがめる人は誰もいなかった。

② 発信者の意図によって「言葉の差別性」が変わる例

ずいぶん昔の全同教（現全国人権・同和教育研究大会）分科会でのひとこま。一人の女子高校生がフロアから発言。彼女は「私は幼いときに母を亡くしたが、父が土方仕事をしながら一生懸命働き、私を大きくしてくれた。私は土方の父を誇りに想う」旨を発言した。これに対して司会者団が「ただいま、土方という不適切な発言がありまして……」と、述べたとたん、フロア参加者が口々に「おまえ、なに言うとるんや、どこが不適切や、彼女は父の土方仕事を誇りをもって言うてるんやないか」と怒鳴った。

③ 受け留める側の状況によって「言葉の差別性」が変わる例

ある企業の啓発担当者から伺った話。童謡「早起き時計」というのをご存知だろうか。彼女の知人は「チック、タック、チック、タック、ボーン、ボンという歌詞が私にとっては差別表現だったことがあるんです」と言ったという。この人は足が不自由で、歩くときに体が左右に大きく揺れた。時計の振り子のように揺れるさまを見て、幼い頃は友だちが先の歌詞を歌いながらはやし立てたのだという。

◆中山英一さん

中山英一さんがご逝去された（二〇一〇年七月八日）。長らく部落解放同盟長野県連の書記長をされた。ある程度の年数を重ねた人権啓発担当者ならきっと、中山さんのお声と共に「かあやん」を想い、慕い、そして差別と闘う毅然たる生き様に、幾度となく心揺さぶられる想いをされたことがおありだと想う。その中山さんの『人間の誇りうるとき』（解放出版社、一九九〇年）と並ぶ名著に、『被差別部落の暮らしから』（朝日新聞社、一九九八年）がある。その中に中山さんが言葉について述べておられる部分がある。中山さんは、言葉は生活の中から生まれてくるもの、とされ部落の中の言葉をたくさん紹介されている。その中に「衣服と言葉」という段落があり、そこで取り上げている言葉に「おい、ぬくてえか」がある。引用させていただく。

四季折々の衣替えができず、着物のことで一層軽蔑され、つまり差別されるということがありました。真夏に厚手の袷の着物を汗をかいて着ているのです。すると友だちが近寄ってきてからかうのです。「おい、ぬくてえか」と。「ぬくてえ」とは「暖かい」ということです。「お前はそんな厚手のものを着ていて暑くないか」という意味です。別に寒くて着ているわけではありません。他に着るものがないからなのです。そういう事情を知っていてからかうのです。その言葉は「ちょうり」と言われるのと同じ意味を持っていました。

愛して止まない「かあやん」が、夜なべをして一生懸命あつらえてくれたであろう、凍てつく信州の冬の寒さを凌ぐための厚手の着物……、宝物のような着物を侮辱された想いは、何よりも「かあやん」を侮辱された想い……。中山さんにとって「おい、ぬくてえか」は強烈な差別性を帯びた表現だった。言葉・表現と差別性について実に雄弁に物語ってくれている一節だと想う。

心からご冥福をお祈りいたします。

もう一度「ことば・表現」を考える

西谷隆行

◆「お女中！」

『ヒューマンライツ』二〇一〇年九月号の冠野文さんの連載は、面白かった。中島京子の直木賞受賞を伝えるメディアの対応をさりげなく書いている。『女中』は、自主規制用語になっているようで、あるテレビ局は『お手伝いさん』と言い、別の局は『お手伝いの女性』と言い、うちでとってる新聞にはカッコ付きで『女中』と書かれていた」。

さらに「中島京子の前作は『女中譚』（朝日新聞出版、二〇〇九年）だというのに、こっちが受賞していたら、どう報道されたであろうか？　まさかタイトルを言い換えたりはするまいが……と考えてしまった」とある。ここまで来たとき、思わず笑ってしまったが、笑いごとではない。

受賞作は、「小説というかたちだからこそ書ける、あの頃の〝気分〟に満ちている」。あの頃とは、昭和の初めだ。主人公の女性が、女中奉公を通してみた、昭和の初期の〝気分〟。これを理解するには、当時の「女中」という職業の実際を知ることなくしては、不可能だろう。それは、戦後のお手伝いさんのそれでは決してない。

さらに、後段の「まさかタイトルまで……」は、「まさか」ではなく、実例がある。高橋貞樹の『特殊部落一千年史』。岩波文庫では、『被差別部落一千年史』(一九九二年)として刊行されている。この経緯については、同文庫の解説で沖浦和光先生が詳しく書いている。理解はできるが議論の余地は十分あるだろう。

もちろん、「女中」ということばと、「特殊部落」ということばの担ってきた意味合いの違いは、同列には論じられないものを持っているのは、『ヒューマンライツ』二〇一〇年一〇月号で、平山藤五氏の述べているとおりだ。

であるからこそ、安易な「自主規制用語」(そんなものがあるとは思わないが)など、作るべきではなく、個別具体的な状況のなかで、使用されるべきことばは考えられるべきだ。

◆「部落」ということば

辞書などをひくと、「部落」という言葉の意味として、大きく二つの記載がある。一つは、共同体としてまとまりをもった民家の一群。村の一部。などといったものだ（①）。もう一つは、被差別部落と同義、というもの（②）。現在、①の意味で使われることはまれで、集落という言葉が使われる。②の意味で使う場合も、関東・東北では、被差別部落ということばを使うことが多く、単に「部落」と表現するのは、関西以南が多いようである。

「村落」ということばがある。「村落共同体」などと使われる。「落」ということばを辞書的にみると、「人家などの集まっているところ」となる。用例として「村落・集落」。「部」はどうか。「分けること。分けた一部分」とある。つまり、①の意味で使うなら、村に対して部落ということばを使うことは、その実体をあらわすのに都合がいいように思える。集落といってしまっては、村と部落の位置関係があいまいになる。

では、なぜ①の意味で、「部落」を使わなくなったのか。①の意味で使っているのか②の意味で使っているのかわかりにくいから、はっきりさせる意味で、①の場合は、集落とする、という理由が考えられる。そのさい、①の場合は、部落、②の場合は被差別部落という使い分けではなぜいけないか。たとえば、○○部落といった場合、そこの集落が、被差別部落なのかそうでないのかわからない、だから一般的には○○集落としましょう。考えてみるとこれって、変。なぜ区別する必要があるのか。

◆「うちのひと」

「日本人夫の呼び方」（南河内発＊在日外国人女性エッセイ集『わたしのきもち』所収）という文章がある。中国から来て五年、日本人配偶者というビザ資格を持つ、田中さんの文章だ。五年間で五回、配偶者に対する呼び名を変えた、という。初めは、姑に教わった「うちの主人」という言い方。次に日本人の友人仲間の「うちの旦那」、子どもが生まれて「うちのパパ」、職場の同僚と話すときの「夫」、そして、ドラマに触発されて抵抗感を持ちながらも使いたい、「ダーリン」。「夫」ということばは、どんな場合でも使えることばとして、職場の先輩から教わった、という。

なるほど。ただ「夫」に対する言葉は「妻」だが、この表現には、刺身の「つま」のように主人公に添えるものという意味があるから、いやだという向きがある。しかし、古来、「つま」というのは男女を問わず使われてきたのであり、この理由はあたらないように思われる。「連れ合い」などという表現もあるが、こなれた表現とは言いがたく、まして第三者的に相手の配偶者を指す場合には使いにくいだろう。この滞日五年の田中さんの文章の素晴らしさは、さまざまなシチュエーションで、状況に応じて、仲間に応じて使い分けることができる日本語の多様性をしっかりと語ってくれていることだろう。

ことばは、コミュニケーションツールに過ぎない。過ぎないけれども、不特定多数に発するときには、さまざまな受け手の反応を十全に予測して発する必要がある。自分自身に発することば、たとえば日記、家族内や仲間内での会話、あるいは、いわば公的に対外的に発することば、これは必ずしも同じである必要はない。むしろ違って当然と言っていいかもしれない。この当たり前のことが、ときに忘れられたりすることがある。

◆百家争鳴

『ヒューマンライツ』二〇一〇年一〇月号の特集は「「ことば・表現・差別」再考」である。なかなか面白かった。ひとつは雑誌等で、最近この手の特集というのをあまりみかけないということもあるし、書き手が、行政や地域、教育、企業の現場で日ごろこの問題に直面し、いろいろに考えながら、もやもや感を抱いている方々が率直にその想いを述べているところが新鮮だった。さらに、特集以外でも、岡田耕治さん、竹内良さんの連載執筆陣が、呼応してこのテーマを扱っている。この特集を「うん、うん」と呟きながら読んでいくうち、唐突に、頭に浮かんできたことがある。

「金剛石《ダイヤモンド》！」

「うむ、金剛石だ」

「なるほど金剛石！」

「金剛石？？」


尾崎紅葉『金色夜叉』の有名な一場面だ。ダイヤモンドを目の当たりにした、そこに居合わせた人びとの興奮とその属性までも、この短い感嘆のなかに封じ込めている。これは多分、大崎さんのいう「きしょい」や「きもい」ということばをさまざまな場面で使って、そのバリエーションで済ませてしまう、あるいは口ぐせになってしまっている、などという子どもたちの現状と一見似ているようでいて反対の心性からくるものだろう。

鶴岡さんの指を、「その指、ヤバイんちゃう？」といった少年の意識はどこにあったのだろうか。そういえば、昔は、「ヤバイ」ということばを使うことは、それこそやばいことだった。私がこどものころは、ずいぶん昔のことだが、そのことがいいか悪いかは別にして明白に男女のことば遣いに違いがあった。それがある時期から、差がなくなったというより、女性がかつての男ことばを使うようになった。そうしたなかで、あるとき、知り合いの女性と話をしていて、彼女が「ヤバイ」ということばを発したのを聞いて仰天してしまったことを思い出した。彼女は体調が悪く、その自分の状態を「ヤバイ」ということばで表現したのだが、当時の私には驚きだった。それまでの私の認識では、「ヤバイ」などということばは、それこそやばい筋の人の使うことばだと思っていたからだ。しかし、ことばの意外性というものは実にインパクトのあるもので、私の記憶に長く残ったし、この言葉自体も重宝がられて、またたくまに広く市民権を得てしまった。それは、鶴岡さんが辞書に載っていないことに意外性を感じることにも現れている。

よく言われる一般原則に、「身体に関する表現は安易に使うべきではない」というものがある。一般論としては、わかるが、その種の表現が出てきた途端、「いまの表現はいかがなものか」と疑義を差し挟むのは、それこそいかがなものか。選抜試験の「足きり」という表現がある。決していい表現だとは思わないが、この表現を聞いて「剕（あしきり）」を連想したり、足の不自由な人への蔑視を感じるというのは本当だろうか。

あるライターさんのブログを読んでいたら、「啓蒙」ということばを使ったら「啓発」とすべきと編集者から指導されたという記述があった。その理由は、「蒙（めしい）を啓（ひらく）だから使えない」と言われたという。啓発を使うべき、という。フランス文学史では、一八世紀を「啓蒙時代」という。これも「啓発時代」といえというのだろうか。これは、まさに「蒙を啓く」時代相を表した表現なのである。これを「啓発時代」といってしまっては、時代を的確に表現しているとは言いかねる。

ある団体で作っている言い換え集とその基本的考え方を読んでいたら、いきなりヴィトゲンシュタインの「哲学探究」からの引用が出てきて度肝を抜かれてしまった。が、読んでいくと別にヴィトゲンシュタインでなくてもよかったみたいで、単に使い方が大事だよということを言いたかったようだ。

ことほど左様にこの問題は百家争鳴の感があるが、逆にこのことは健全なことなのかもしれない。

ことばの豊かな使い手に

岡田耕治

◆ラーニングセンターでの学び

西成高校の山田勝治校長が岬中学校のラーニングセンター（図書館）を見学に来てくれた。西成高校と言えば、今『反貧困学習――格差の連鎖を断つために』（解放出版社、二〇〇九年）で注目されているが、その「反貧困学習」の次のステップとして、図書館を改装したいとのことだった。西成高校では、高校であっても家庭訪問を大切にされているが、生徒の学習環境には大きな格差があるという。そんななかで、自ら学ぼうと思ったときに学べる環境を提供することが、ポスト「反貧困学習」ということになるのだろう。

「回り道は、近道だったりする」。そんなキャッチコピーと生徒の絵がデザインされたオリジナルのクリアファイルを見ているだけで、西成高校がどんな学校づくりをめざしているのかがわかるような気がする。だからこそ、そんな学校づくりを応援しようという多くの人を獲得できるのだと思う。

写真のラーニングセンターは、一九九七年から使いはじめた現在の校舎の目玉であり、八教室分の広さをもつ図書室である。この校舎建設には、一九九〇年代の前半、当時校長だった阪口恵美子さんが大きな役割を果たした。私はその頃教員として岬中学校に勤めていたが、校長室に入ると、誰にも見えるところに旧校舎から剥落したコンクリートのかたまりが置かれてあった。「こんな物が生徒に当たったら大変なことになりますよ」と来校者に説明し、いろいろな方面に働きかけて、新校舎建築の礎を築いてくれた。

私たちは、そんな念願の校舎建築だったので、いろいろな図書館や学校を見学し、夢のような設計図を描いた。ちょうどそのころ、岬町では校舎建築は何十年に一度の大事業だから、教職員の意見をできるだけ取り入れて、子どもたちの未来に投資しようということになった。なかでも新校舎建築のメインに図書館が据えられ、私たちが描いたとおりの空間が出現することになった。生徒たちはこの空間が大好きで、ゲームセンターをゲーセンと呼ぶようにラーセンと呼んでいる。

山田校長は、すでにこのラーセンをご存じだったが、そのイメージを教職員や大阪府と共有するために、写真を撮りに来られたのである。案内したとき、ちょうどラーセンでは、「スペ

岬中学校のラーニングセンター（図書館）

シャル国語」の授業が行われていた。スペシャル国語というのは、ラーセンの誕生とともに生まれた授業で、全学年を通じて毎週一時間行われる。共通しているのは、①テーマを設定する、②調べる、③まとめる、④発表する、という段階を踏んで一〇時間程度の学びを作っていくところだ。

たとえば一年生では、「〝わたし〟からの発信」として、自分が興味あること、得意なこと、好きなものなどをクラスの仲間に紹介する学び。二年生では、職業体験学習と平行して、職業について調べて発表する学び。三年生では修学旅行と関連づけて、平和や沖縄戦のことを調べ、それをまとめて、夏休みの平和登校日に後輩や町内の小学校に出掛けていってプレゼンテーションをするという学びが行われている。

今、子どもたちを見ていて気になるのは、語彙のとぼしさ、コミュニケーション力の低下である。他からの呼びかけを遮断するようにイヤホンで音楽を聴き、携帯電話を操作し、どんな場所でも小型ゲーム機を手放せない生活は、子どもたちから人とふれ合う機会を奪っている。

人との豊かなコミュニケーションのためには、豊かなことばの使い手になることが必要である。『ヒューマンライツ』の特集である「ことば」と「差別」という問題にしても、このことばは使っていい、使ってはならないという学習は、従来型の正解を求める学習の域を出ない。人と人とのコミュニケーションには、あらかじめの正解はない。必要なのは、相手の立場に立って考えられるかどうかという力だ。これから言おうとすることが、相手にどう受け止められるかと考えて、ことばを選ぶ。そのような学習が、ラーセンでは大切にされている。その意味で岬町は、子どもたちがことばの豊かな使い手になることに投資したのである。

第2章

反響編

気持ちにきちんと寄り添っていく風土づくり

佐藤文彦

竹内良さんと西谷隆行さんのラリーエッセイ（『ヒューマンライツ』に連載）を毎号楽しみにしている。

九州に行ったとき、温泉で、湯に浸かっている竹内さんがなんだか考えごとをしていて、ほどなく「うん、次はこれでいこうかな」と、ぼそぼそと、しかしホッとしたような笑みを浮かべて呟いていたことを思い出した。ご自分のなかで腑に落ちた表現や言い回しが浮かんだのだな、と得心した覚えがある。心の中に映し出される何とない心境、頭のなかにポワンとモヤンと思い浮かぶイメージ。そういったものを、研ぎ澄まされた、ちょうどいい言葉一つで言い表す。その営みを二カ月ごとに形にして、「企業に働く人」という立場からお二人は寄稿しつづけている。読むたび、単純に「すごいな」と思っている。

◆腑に落ちた

よく「腑に落ちる」というけれど、竹内良さんのラリーエッセイ（本書四五～五三頁所収）は、まさに私にとって「腑に落ちた」。このときのテーマである差別語、差別表現については私自身、東京人権啓発企業連絡会に関わり始めた頃にはさまざまな方から指摘されることが多かった。指摘されたその場ではわかったような気になるのだが、正直言うと後から考えて他人に説明しようと思うとき、全く理解・吸収できていない自分に、よく気付いた。当時の私は全く無勉強の状態であったこともあるが、「言っている本人は何の差別的意図もないのに、そりゃ騒ぎすぎってもんだろ」というくらいにしか思えなかったことも少なくなかった。しかし、だんだんと勉強していくにつれ、世の失言事件を注視したり、自分が過去遭った同じような経験を紐解いていったりすると、人が傷つけられるときには往々にして無配慮、無遠慮、無関心がデンと坐っているような気が徐々にしてきた。ただ、中途半端な知識や認識では「だったらマニュアルを作ろう」という発想になってしまうのではないかと思ったし、「それは何だか違うよな」という違和感も持った。だからこそ、「禁句集」を作りたくなる発想も理解できるし、一方で一義的に線を引くことのできる性質のものでないことも理解できるようになった。

そんな、「だからどっちなの！」的な私自身のモヤモヤに、竹内良さんのラリーエッセイはスポッと、とりわけ後段の具体的なエピソードの部分はハマったわけである。「足のない人いる？」に対して笑顔で「俺たちみんなないよ」という話や「私は土方の父を誇りに思う」という話は人間くさくて涙が出たし、「チックタック……」という童謡の話はグサっときた。どれもマニュアル外だ。

◆モノは言いよう

「モノは言いよう」というが、まさにそういう場が先日あった。前途有望な若い社員が大遅刻をした数日後、私のところに謝罪に来たが、一生懸命謝った後、何か、上司である私のコメントを待っているようだったので、しばらく間を置いたのち、仕草と表情と声のトーンと「間」に、すべての思いやりを込めて一言「ばーか」と言った。ポカンとしているので「それだけだよ」と言ったら、彼はスッキリした顔で帰っていった。たぶん、「いろいろと言われるんだろう」と思っていたところに一言で終わったので、拍子抜けしたのもあったのかなと思う。その数日後、彼からメールが来て、「元気にやってますよ。今回のことを自分できちんと消化できるようになった頃に、飲みに連れていってください！」と。

彼とは特に近しいわけでもないが、少なくとも私は一生懸命に働く彼を大切に育てていかなければと思っていたし、彼の故郷が私の最初の配属地だったこともあって、会うたびに楽しい無駄話をしていた。だからちょうどいい距離感があったのかもしれない。

活字だけを見れば「馬鹿」は極めて差別性の強い侮辱語で、通常のビジネスシーンでは決して使わない言葉だ。だが、あのときの「ばーか」は、ずっと人肌で温めていた「ばーか」だったと思う。あれが彼の心に今後どう残り続けるかなと思うと、少しわくわくする。

◆社内の研修で伝え続けていること

いま、社内研修で入社数年の若い社員に直接話す機会が多い。特に人権に関わることではなく、三〇分程度で私の伝えたいことを、借り物を入れず、すべて自分の言葉で伝えるよう心がけている。それに対する受講者の感想を見ていると、私が話すフレーズに対して一番反応が多いのは「自分を肯定していいんだよ」「みなさんは、自分が思っている以上に成長している。それを実感して」というくだりである。特に肩に力を入れて喋っているつもりはなく、企業連絡会にいた間に自然と空気のように身についたフレーズである。それに対して「これまで叱られたことしかなかったので、ホッとした。救われた」とか「肩の力が抜けて、涙が出そうになった」とか。そんなこと書かれたら、涙が出そうになるのは、こっちのほうなのに。それでも、「それでいいんだよ」というメッセージを発する行為には、地道さ、地味さが伴う。これを延々と続けるのは、ある種の強い持久力が必要だ。だけど、そんなことには喜んで耐えたい。

◆宝を糧に

みずみずしい感覚を保ち続けるのは、なんて難しいんだろう。ましてや、いったんすでになくなってしまったような自分のなかにそれを甦らせるのはもっと難しいと思う。それが、少しだけど、企業連絡会にいる間に蘇生したのかなと思う。仕事のなかでは、心がざらつく事柄や会話のテンコ盛りぶりに正直辟易するときもあるが、だからこそ、心の通わない会社にしてはいけないんだと思う。会社にある大きな流れに自分の感覚が飲まれているような気がすることも何となくあるが、それでもいいから、自分がやりたい「一人ひとりの気持ちにきちんと寄り添っていく風土づくり」ができる職責にあるんだという自覚と使命感だけは棄てないでいきたい。そんな、「手が届かないくらいの、でも明確な」目標ができたので、しばらく頑張れそうな気がしてきた。そう考えると企業連絡会の経験は、やはり宝であり、かけがえのない心の糧だと思う。

私が使いたいことば

寺原裕明

『ヒューマンライツ』二〇一〇年一〇月号の特集「「ことば・表現・差別」再考」を、興味深く読んだ。一読して、鶴岡弘美さんの文章が心に残った。「その指、ヤバイんちゃう?」という言葉を投げつけてきた少年に対し、悲しく、残念に思いながらも「自分の手に自信がなかった私も、今回のことで老いを受け入れ、慈しむことができるようになった」と述べられている。自分に起きるいろいろなことがらを、一度、自分で飲み込んでしまうことからしか、周りを巻き込む解放運動は生まれ出てこないのだと思う。鶴岡さんがしなやかな感性を持つ解放運動の担い手であろうと感じた所以である。

また、大西英雄さんの差別語・差別表現についての内容で、「言い換え集で対応できるものではなく、人権感覚を研ぎ澄ませることが重要ではないか」というお考えにまったく同感である。差別のリスクを回避するための言葉選びは一見便利そうだが、実は、思考を他に委ねてしまうことにもなり、非常に危険であると思っている。

言葉（というより、生き方そのもの）についての私の原点は、部落のNおばちゃんとの出会いである。二〇年ほど前、地元の小学校で同和教育推進教員をしていた私は、当時、隣保館の清掃の仕事をしていたNおばちゃんと一緒に福岡県同和教育研究会に参加した。分科会の中で、堂々と自分の意見を述べるNおばちゃん。一方で、何も発言できない自分がいた。

「Nさんは大勢の人の前で自分の意見を言えて、すごかねえ」と言った私に、「私も初めの頃は手はブルブル震えるし、のどはカラカラになって、人前ではよう話しきらんやった（うまく話せなかった）とばい。学校にも行っとらんけん、先生のごと、言葉もよう知らん。ばってん（でも）、差別のことをわかってもらわないかんけん、今まで、どこででも一生懸命しゃべってきたとたい」。

発言できなかったも何も、私は自分の内に語るべきものを持ち合わせていなかった。「いくら言葉を知っていても、言葉でうまく逃げるような生き方はするまい。うまくはしゃべれずとも、言葉に自分の思いをのせられるようになろう。思いを持てる自分になりたい」と、そのとき、心から思った。

私が使いたい言葉は、自分と他人を認め、人と人とをつなぐ、あたたかい言葉だ。使いたくない言葉は、人を切り捨て、人と人とのつながりを断ち切る、冷たい言葉である。

「人権文化を豊かにする」方向で

平沢安政

ある教育委員会からの依頼で学校の人権教育担当者向けの研修を担当したときのことです。最後に「そろそろ予定の時間が近づきましたので、今日のお話のポイントを手短にまとめさせていただきます」と言って講演をしめくくりました。終わってから控室に戻り、しばらく待っていると担当者の方が来られ、「さきほど、先生が手短にということばをお使いになったので、失礼ですが、そのことで参加者に説明していました」と言われました。一瞬、何のことかよくわからなかったのですが、どうも「手短に」は身体に関わる差別的な表現なので、訂正を入れられたとのことでした。その後の雑談で、身体に関わるさまざまな表現についてお話しをしたのですが、教育委員会にはいくつかの「使ってはいけない」とされていることばがあるとのことでした。さらに「それは市全体の方針ですか」とうかがうと、どうも教育委員会独自の了解として存在するようでした。

以前にも、別の教育委員会の担当者から「いただいたレジュメに『視点』ということばがあったのですが、『観点』に変えさせていただきました」と説明を受けたことを思い出しました。また、「ちらしに『会場まで徒歩○分』とは書かず、『○○ｍ』と距離で示すようにしている」ともうかがいました。やはり身体に関わる表現について、教育委員会内部で独自の「要注意用語リスト」のようなものが受け継がれているようでした。

「手短に」に関しては、辞書の「て」の説明として「形容詞・形容動詞の上に付いて、接頭語的に用いられ、物事の処理の仕方にかかわることを表す。また、転じて、下の語の意味を強めるのにも用いられる」と説明され、「―厚い」「―ごわい」「―ぬるい」「―広い」「―短に話す」などが例として挙げられています。また、「視点」については、ＮＨＫの有名な番組名に「視点・論点」があり、一般的にはよく使われていることばです。

もちろん、ことばは文化の象徴ですから、そこに差別的な社会意識や権力関係が反映されることはまちがいありません。女偏の漢字に込められたバイアス（歪み）はその象徴的事例です。「盲」という漢字もさまざまな否定的意味合いで使われてきました（国際識字年〔一九九〇年〕の頃に、「文盲」を「非識字」という表現に変更する取り組みを読売新聞社などが先導的した結果、その後「非識字」が標準的な表現になった事例にみられるように、人権の立場からことばや表現を変革することができる事実も確認しておきたいと思います）。

しかし「盲点」については、多様な意見が存在します。「元来、生物・生理・医学用語であり、眼球奥の視神経が網膜に入ってくる部分で、光を感じないところ」をさしているとして、その意味合いであれば使用してよい、という考え方と、他方では「その言葉を聞いた視覚障害者の心を傷つけて、不快感をもたらすのであれば、使用すべきではない」という考え方がありました。このように両方の見方があった場合に、「不快感を示す人がいればその立場に配慮して使うべきではない」として、後者のような考え方を採用する、という論理が、おそらく「視点」についてもあてはまるのではないかと思われます。

ただ、「不快だという人がいるから」ということのみを理由にしてものごとを決定するのは、よくないと思います。最近、クレーム（無理難題要求）のことが、各所でしばしば論じられるようになりましたが、「言ったもん勝ち」になるのでは、決して民主主義とは言えません。そこで必要なのは、「私はこう考える」という意見を出し合い、その背景にあるものを理解しあい、その結果「人権文化を豊かにする」方向でものごとの解決策を見出していく、という基本姿勢ではないかと思います（ただ「差別をしない」ではなく）。

「理由はよくわからないが、何か問題になりそうだから」と「無難」を決め込む消極的対応ではなく、「何がなぜどのように問題なのか」をめぐって討議すること、またその際に「ことばは権力関係を背景にしてつくられた経緯がある」ことを忘れないことです。

本稿では教育委員会の例をあげましたが、決して教育委員会にだけ課題があると思っているわけではありません。「用語規制の根拠が明確に検証されないまま継続されている」ということのないよう、今後もオープンな議論が行われることを願っています。

ことばを意識すると行動が変わる

野中祐加

「ことば・表現・差別」の特集を「私も同じような経験あるある」と思いながら、興味深く読ませていただきました。

私が、以前障がい福祉の職場にいたころの話です。

先輩相談員とケースについて話をしていたとき、私は「普通に生活できたらな……」と言ったことがありました。「あなたが考える普通って何?」とすかさず言われ、私は自分の言ったことをふりかえりました。今まで安易に〝普通〟なんて使っていたけれど、誰にとっての〝普通〟? みんなそれぞれの生活があって、決して私が考える普通の生活と、相手が考える普通の生活は同じではないことに気づきました。自分らしく生きることが大切なんだ、とそれからは〝普通〟ということばを言いそうになったとき、その都度、頭で考え、意識するようになりました。

いわゆる「差別用語」と言われるものはたくさんあります。それを使わないのは当然ですが、言ってはいけないことばと捉えてしまうと、言うことが怖くなったり、ことばを使わないことだけに終わってしまい、そのことばやそのことばに関わる人を避けてしまうような気がします。なぜ、そのことばを使ってはいけないのか、そのことばによって、相手はどんな気持ちになるのかと考えてこそ、本当に対等な関係を築けるのではないかと思います。

そんなことを考えると、以前、私に指摘してくれた先輩は、〝普通〟ということばから多くの気づきを与えてくれました。もし今後、なにか指摘されるようなことがあっても、まずは素直に受け入れ考えてみる、また誰かが差別的なことばを使っていたら、使ってはいけないだけでなく、相手が受け入れてくれるような気づきを与えていきたいと思っています。

少し差別表現の問題から外れますが、人権の仕事をしていると、なかなか成果が見えず、いきづまることがあります。問題にぶつかり、すぐに結果が出ないと「難しいなぁ……」と、考えることを諦め、終わらせてしまうことがあります。そこで私の職場では、〝難しい〟禁句宣言を出しました。〝難しい〟と終わらせるのは簡単。ついつい言ってしまいたくなりますが、もう一度何かできないかと考えることで、少しでも前に進めるような気がしています。

〝普通〟も〝難しい〟もことばを意識することで、行動にもつながっているような気がします。

普段何気なく発する〝ことば〟。ていねいに使うと相手を喜ばせ、自分も幸せになる。でもその〝ことば〟による暴力で相手が傷つくことも……。そのことを常に考えて、〝ことば〟を大切に使っていきたいです。

暮らしの中にこそ人権感覚を

川西なを恵

一〇月号を興味深く読ませていただきました。一一年間、日々の暮らしの中にこそ人権感覚の豊かさをと願いつつ仕事をしてきた身にはとてもうれしい特集でした。これは企画・執筆された方へのラブレターです。

浮穴さんが「かわいそう」という言葉を封印されたことについては、一五年ほど前に友人との立ち話を思い出しました。彼は、私が今春までの仕事に入るきっかけを作ってくれた人で、小学校の教師をしています。彼がそのとき部落差別を考えるきっかけについて、「僕はかわいそうということからはじまってもええと思ってるねん」と言ったのです。

浮穴さんの文章を読みながら、そのことを思い出し、彼が言外にこめたであろう気持ちを想像してみました。『かわいそう』にもいろいろあって、自分より下を見る目線とか、自分とは縁なき衆生を哀れむとかいう心情から出たものはいやだけれど、その言葉の中に『いつくしむ』というか、動作としたら『抱きしめる・寄り添う』、そのようなことが含まれているときもある。それが差別について考える端緒になれば、それはそれでいいのではないか」と言いたかったのではないかなと、改めて思ったことでした。

それとともに思い出したのは、四十数年前に出会った「肝苦《ちむぐり》さ」という沖縄の言葉です。私にはとても衝撃的な言葉でした。「沖縄返還」の直前、返還という言葉に反発しはじめたころのことです。「沖縄には『かわいそう』という言葉に相当する言い回しはない。肝が痛む、心が痛むという言葉はあっても」という説明が、ストンと気持ちの底に落ちました。それが私の「フラットに立つ」ことの大事さについて考える事始だったように思います。

この一一年間、とても表現に苦慮したのは、やはり障がい者についてのことでした。総会や理事会で、「障害」者をどのように表現したらいいのか考えてみませんかという提案もあり、部会でも何度か話し合ったりしましたが、結論は出せずじまいでした。どう書き換えてみても、マイナスイメージの漢字を二つ使うか一つにするかの違いだけのようで、「　」でくくっても、どこか違和感が残ります。ましてや、当事者や家族、サポートする人たちにとっては、すんなりと受け入れられるものではないということもよくわかります。

かといって、竹中ナミさんが使っておられる「チャレンジド」という言い方は、その根底に宗教的なものが色濃くあるようで、阪急電車やＪＲでも、優先座席の英語表記には使われていますが、単一の宗教、宗教観を持たない日本ではちょっと距離があるなと思います。

このことに関連して、ある会で次のようなことがありました。その晩は雨で、司会者が開会冒頭に「足元のお悪いところをお運びいただき」と言ってしまいました。事務局としてそのすぐ横に座っていた私は、そのとき、「アー、やっちゃった、きっと出席者に指摘されるだろうな」とギクリとしました。その場ですぐに訂正してとも言えなくて、障がい者団体からの出席者の顔を見ていました。予想通りに、会の終わりのほうで、苛立ちをこめた発言がありました。その苛立ちはたぶん言った本人にではなく、私に向けられたものであったと、今も思います。「役員の学習はどないなってんねん」と。

しかし、「アー、やっちゃった」と思う事務局職員としての私がいる一方で、「足元が悪い」という表現はほんとに障がい者差別なのだろうかと答えを見出せない私もいるのです。はっきりしているのは障がい者当事者（この表現もなんとなく引っかかるのですが）が、不快な気持ちになる言葉は使わないということなのですが、それも個人によって違います。

その昔、『点字毎日』（毎日新聞社）で少しばかりの仕事を終えて、年配の視覚障がい者と一緒に駅まで帰りながら聴いたことを思い出します。「めくらはめくらや。どないに言い直しても、事実は変わらん。とってつけたように言い直されるほうがかなわん」。彼の左手のぬくもりを

右肩に感じながら、ご本人が自分のことを言っておられるということも含めて納得のひととき
でした。

『ヒューマンライツ』の特集を読みながら、思い出すこと、考えることで忙しいひとときでしたが、今朝、新聞を広げると、地域版の生死のお知らせ欄に目が行きました。近所の友人が言うには「結構重宝しているよ」という欄です。毎度のことながら、赤ちゃん誕生のお知らせには、新生児の名前とともに記載されているのはなぜか父親の名前だけで、ほとんど母親の名前はありません。新聞社というところは、どうも男が子どもを産むと思っているらしいです。こういうふうに女を排除したイエ意識が、何気ないふりをして刷り込まれていくのですね。

確かに暮らしの中には、何気ないふりをした、人を差別する言葉が数え切れないほどあります。そのなかで、「その言葉を使われると、ちょっと痛いよ」と気づかせてくれる関係をつくっていくことによって、人はフラットに結び合えるのではないでしょうか。

浮穴さんが書いておられる「ことばや漢字は健常者と男（強者）の主導で創作されてきたのではないか」という推察に、なるほどと思ったりして、ほんとにいろいろなことを考えさせられた特集でした。感謝します。

イメージをひろげる言葉

大森直樹

空や星という言葉を発するとき緊張する人はいないが、朝鮮や部落という言葉を発するとき緊張する人が多い。それは朝鮮や部落という言葉で示される意味と内容について、イメージが共有されていないからだと思う。空や星について、詩人や科学者のように語れなくてもいい。空や星に関わる出来事の一部ではなく全体についてのイメージがあれば、その美しさについても理解と共有ができるのではないだろうか。

だから、部落問題についても、その一部ではなく全体についてのイメージが大切だと思う。東京の教員と子どもたちは、一九七七年に一人の中学生によって書かれた作文から、部落問題についてのイメージをひろげてきた。ここに引用したい。

「私の住んでいる所は木下川《きねがわ》とよばれ皮やさん、油やさんなどがたくさんある。だから、いろんなにおいがする。みんなは、くさいとか、木下川どくとくのにおいとかいう。においのことで私達はバカにされたり、いろいろなことでくやしい思いをするときがある。これはお父さんや、お母さんの小さいころからもあったと聞く。……私はくやしい。みんなが、もうちょっと木下川のことを理解してくれたらなと思う」（岩田明夫「皮なめしの町「木下川」から同和教育を考える」君塚仁彦編『平和概念の再検討と戦争遺跡』明石書店、二〇〇六年より重引）。

この作文には、部落や部落問題という言葉は一語も使われていないが、部落問題とは何かを考える上で示唆に富む認識が含まれている。

一つは、部落問題が基本的には差別の問題と捉えられていることだ。「においのことで私達はバカにされたり、いろいろなことでくやしい思いをするときがある。これはお父さんや、お母さんの小さいころからもあったと聞く」と記している。この作文が、差別の事実を明確にし、東京の教員に認識させたことの意味は大きかった。

二つは、部落問題を差別の問題と捉えることとあわせて、差別の解決の問題としても捉えていることだ。「みんなが、もうちょっと木下川のことを理解してくれたらなと思う」と記している。一般の側（世間の側と言ってもよい）が「もうちょっと木下川のことを理解」すること。部落についての共通の認識を形成することが、差別の解決の鍵を握ると押さえられている。

三つは、「もうちょっと木下川のことを理解」するとは具体的にどういうことか、部落について必要とされる認識の内容を端的に明らかにしていることだ。「私の住んでいる所は木下川とよばれ皮やさん、油やさんなどがたくさんある。だから、いろんなにおいがする」と作文の冒頭に記されている。これに続く記述が「みんなはくさいとか、木下川どくとくのにおいとかいう」である。前者は、木下川の生活と仕事をまっすぐに見つめようとした記述であり、それが「だから、いろんなにおいがする」という言葉で結ばれている。後者は、木下川の生活と仕事を無視して素通りして、そのにおいだけを取り出し、「くさい」とか「木下川どくとくのにおい」と評価してしまう一般の側の認識についての記述である。後者の言葉は粗雑で冷たい。それに対して、前者においては、端的な形ではあるが、部落について必要とされる認識の中心が、部落の生活と仕事であることが示されているように思われる。

この作文では、部落問題が、①差別、②差別の解決、③部落の生活と仕事についての認識という、密接不可分の三つの柱で捉えられている。これにもう一つ、④政策と運動についての認識を加えれば、部落問題の全体が捉えられるのではないかと思う。一人の中学生の作文とその言葉が、多くの人びとに影響を与えてきた。東京の同和教育の歴史をつくり出してきたといってもいい（この作文をめぐる教員と子どものやりとりは、一九七八年、東日本で最初に開催された全同教大会で岩田先生によって報告された）。言葉と差別の問題を解決する鍵は、人びとの生活のなかの言葉にあるのだと思う。

「かわいそう」から考える

臼井敏男

『ヒューマンライツ』二〇一〇年一〇月号の「「ことば・表現・差別」再考」で、「かわいそう」という言葉を目にして、昨年、東京の「芝浦と場」を取材したときのことを思い出した。

そこで働く栃木裕さんに話を聞いていて、「最近、どんなことに腹が立つのか」という話題になった。栃木さんは「動物を殺すのはかわいそうだけど、人間が生きるためには仕方がない、という言い方です」と話した。

どういうことなのか。ぼくが口をはさむ間もなく、栃木さんは話をつづけた。

「この場合、私たちはかわいそうなことをしている人というレッテルを張られたままなんです。その見方は一ミリも揺れていない。こういう言い方をする人は、食べる側にいるだけで、つくる側には絶対に立たない」。

たしかに、「動物を殺すのはかわいそうだけど、人間が生きるためには仕方がない」というような言い方をよく耳にする。一見、動物に温かい目をそそいでいるように思える。言っている本人は、自分は動物に対して無慈悲な人間ではないのだ、と思っているのかもしれない。

しかし、そこでは、屠場で牛や豚を殺し、肉や内臓、皮をつくっている人たちの姿は目に入っていない。目に入っているにしても、自分がそこで働くことを想像もしていない。屠場の仕事は、自分とはかかわりのない、ひとごとなのだ。

考えてみれば、不思議なことだ。日ごろ、牛肉や豚肉を食べ、バッグや靴を使う。それでいて、屠場で働く人には思いが至らないのである。

そうした無神経さが、屠場への差別意識や屠場を平気で残酷さのたとえに使うことにつながっているのではないか。

ここまで、「屠場」と漢字で書いてきた。ところが、「芝浦と場」という固有名詞は平仮名になっている。「屠場」という言葉は使ってはいけないのか。

新聞社には用語や表現の取り決めがある。取り決めでは、差別的な表現を使わないようにしたり、言い換えの例を挙げたりしている。

「芝浦と場」を取材したときには、朝日新聞の記者だった。朝日新聞の取り決めに目を通した。

一年前のことなので、文言をちゃんと覚えているわけではない。たしか、次のような内容だったはずである。

――この種の施設は「食肉処理場」と言い換える。やむをえない場合は「屠場」としてもよい。

食肉処理場というのは、屠場のイメージとはちがうような気がした。屠場でできた枝肉を細かく切ったりするのが、食肉処理場ではないか。食肉処理場と言い換えると、屠場の存在がどこかへ消えてしまうように思った。

「屠場」を使ってもよいという「やむをえない場合」とは、どんなときなのか。よくわからなかった。

取り決めには、「と場」という言い換えはなかった。

なぜ、平仮名なのか。「芝浦と場」に尋ねてみた。

「屠」という字が常用漢字にないからだ、というのが答えだった。しかし、それだけだろうか。「屠」は「ほふる」とも読み、家畜などを殺すという意味である。殺すという言葉を使いたくない、ということもあるのではないか。

「障害者」を「障がい者」に言い換えるのと似ているのかもしれない。

原稿では「屠場」を使った。「屠場」でなければ、そこで働く人びとの仕事の内容を伝えられないと思ったからだ。

社内のどこからか、なにか言ってくるかな、と思った。しかし、なにも起きなかった。

冒頭に出てくる栃木さんは「全芝浦屠場労働組合」の書記長で、原稿には「全芝浦屠場労働組合」という固有名詞も載っている。それが地の文でも「屠場」を使ってよい「やむをえない場合」に当たるのかな。そんなことを考えた。

「屠場」を使いたがらないのは、メディアに限ったことではない。

農林水産省の全国の「と畜場リスト」を見ると、「屠場」と名のつく施設はない。「食肉センター」や「と畜場」という名称が多い。「食肉処理場」や「食肉流通センター」もある。

これでは、屠場で働く人たちの姿がますます見えにくくなるような気がする。

ほんとうに「かわいそう」からはじまってしまった

浮穴正博

◆ほんとうに「かわいそう」からはじまってしまった

『ヒューマンライツ』二〇一〇年一〇月号の特集「「ことば・表現・差別」再考」は、「かたておち」や「てみじか」ということばをどう考えればいいのだろうという、ぼくの疑問がきっかけになっている。そんな頼りないぼくの悩みに、「おとなの学び研究会」の仲間は、じつに誠実に応じてくれた。

特集は「「かわいそう」からはじまった」というぼくの文章ではじまった。その中でぼくは、「この文章を書くにあたっては、ずいぶん迷い、悩んだ。書いていることとの内容に自信も確信も、じつはない。しかし、その裏側で、本稿と本誌に掲載されている他の人の文章を読んで、「ことば」についてどんな議論が沸き起こるかを想像して、ワクワク楽しみにしている自分がいることも事実だ。この特集に大きな反響が寄せられることを期待したい」と書いている。腹の中では半分は期待していながら、一方では微妙なテーマすぎて、まったく反応がないのではなかろうかとも考えていた。

そして、反響はあったのだ。それは、おそらく、ぼく（たち）の想像をはるかに超えるものであったようだ。

ほんとうに「かわいそう」からはじまってしまったのだ。

◆思いもかけなかったことばの数々

まず、一〇月号からいくつかのことばを拾って考えてみる。

出身を明かしたときに「気にせんとき」「関係ないやん」という「励まし」のことばをもらった岡井さんは、「私という人間が部落という立場を持っていることを気にしてほしい」にもかかわらず「軽く受け止められた」と感じている。当事者の想いにどうすれば少しでも近づくことができるのか。「関係ない」という「励まし」のことばは、その近づく努力を停止させることばにもなりうるものだということを考えなければならないだろう。

平山さんの「鮮魚」「アイスクリーム」には驚いた。それぞれ、それによってドキッとする「在日コリアン」「アイヌの女性」がいるということだ。だが、「確認しておくべき第一は、まさにそのように辛い体験を持つ人が厳然と存在するという重い事実を私たち一人ひとりが認識する必要があるということだ」という一文は、「かたておち」や「てみじか」が問題になる背景には（障がい者に対する）差別が現に存在するからではないか、というぼくの考えに近いものを感じた。

笹野さんの「養老院」から「未亡人」「婦女子」さらには「イラスト」にまで至る考察も興味深い。「養老院は使ってはいけない？」という市民からの問い合わせに対して、ことばの意味をきちんと調べて回答したというところに真面目を感じる。

鶴岡さんの「ヤバイ」「アカン」は新鮮だった。なぜなら、ぼくもよく使うことばだからだ。ふだんから何気なく使っていることばに、人を切り裂く力（ヤバイ）があり、自分を否定してしまう力（アカン）があるということをわかりやすい事例で語っている。

ラリーエッセイの竹内さんが紹介している、「足のない人」「土方」という、差別的であると言われることばが、ときにはそうではなく、「チックタック」というなんの問題もなさそうなことばに深く傷つく人がいるというエピソードは考えを深めるには絶好の教材だ。

竹内さんの「差別語・表現とか差別用語というけれど、そうした言葉はもともとあるのだろうかということだ。私はそうした言葉それ自体が独立して存在するわけではないと想う。（略）

同じ言葉であっても「差別性を帯びたり、帯びなかったりする」ことがあるのだと想う」という提起を、先の三つのエピソードとあわせて考えたい。

◆予想外の反響

一〇月号の特集の反響は、想像を超えていたようだ。その反響をもとに特集したのが一二月号である。

寺原さんは鶴岡さんの文章に触発されて、突然編集部に電話をいただいた方で、「自分の手に自信がなかった私も、今回のことで老いを受け入れ、慈しむことができるようになった」という一文に反応して「自分に起きるいろいろなことがらを、一度、自分で飲み込んでしまうとからしか、周りを巻き込む解放運動は生まれ出てこないのだと思う。鶴岡さんがしなやかな感性を持つ解放運動の担い手であろうと感じた所以である」と見抜いておられる。

彼はまた、大西さんの「言い換え集で対応できるものではなく、人権感覚を研ぎ澄ませることが重要ではないか」にも同感の意を表し、「私が使いたい言葉は、自分と他人を認め、人と人とをつなぐ、あたたかい言葉だ。使いたくない言葉は、人を切り捨て、人と人とのつながりを断ち切る、冷たい言葉である」と結んでいる。肝に銘じたい。

野中さんは「あなたが考える普通って何?」という先輩の指摘から「みんなそれぞれの生活があって、決して私が考える普通の生活と、相手が考える普通の生活は同じではないことに気づきました」「(先輩は)〝普通〟ということばから多くの気づきを与えてくれました」と書いている。たしかに、「普通」などということばは、それこそ普通に使われているものだ。今回の「「ことば・表現・差別」再考」という特集に「普通」ということばで応じていただいた感性に拍手を送りたい。

川西さんは、ぼくの文章からの連想で、知人である「彼がそのとき部落差別を考えるきっかけについて、「僕はかわいそうということからはじまってもええと思ってるねん」と言ったのです」と書いて、まさに「「かわいそう」からはじまった」ぼくを「それでええやん」とやさしく包んでくれた。

川西さんの寄稿ですごかったのは、視覚障がい者との仕事を終えての帰り道、彼が言った「めくらはめくらや。どない言い直しても、事実は変わらん。とってつけたように言い直されるほうがかなわん」ということばだった。当事者のこのことばをどう受け止めるのか。もしかしたらぼくたちは、たとえば「障害者」を「障がい者」と言いかえることで、少しの罪滅ぼしをしているような気分に陥っていないかどうか、検証してみることが必要かもしれない。

大森さんは、「私の住んでいる所は木下川《きねがわ》とよばれ皮やさん、油やさんなどがたくさんある。だから、いろんなにおいがする。みんなは、くさいとか、木下川どくとくのにおいとかいう。においのことで私達はバカにされたり、いろいろなことでくやしい思いをするときがある。これはお父さんや、お母さんの小さいころからあったと聞く。……私はくやしい。みんなが、もうちょっと木下川のことを理解してくれたらなと思う」という中学生の作文を紹介しながら、その作文が見事に部落差別の本質をついていると分析している。その分析の深さは、とてもここではいいつくせない。大森さんの文章も、ぜひ現物を読んでいただきたい。

臼井さんは、ある「と場」で働く人の、(腹が立つのは)「動物を殺すのはかわいそうだけど、人間が生きるためには仕方がない、という言い方です」ということばを紹介している。さらに、「私たちはかわいそうなことをしている人というレッテルを貼られたままなんです」と続く。臼井さんはこう言う。「日ごろ、牛肉や豚肉を食べ、バッグや靴を使う。それでいて、屠場で働く人には思いが至らないのである」と。食べる側にも共同責任があるはずなのに。「かわいそう」からはじまったこの特集が、臼井さんの「「かわいそう」から考える」というような、深い「かわいそう」考察にまで展開されるとは思いもよらなかったことだった。素直に感謝したい。

◆ことばの落差

これまで紹介してこなかったことばから、印象に残ったことを書いてみよう。

一つは一〇月号の竹内さんが中山英一さんを思い出しながら紹介してくれた「おい、ぬくてえ（暖かい）か」だ。もう一つは、竹内さんのラリーエッセイに応じた、一二月号の佐藤さん（「気持ちにきちんと寄り添っていく風土づくり」）の「ばーか」である。

前者は、信州の冬を乗り切るために「かあやん」が作ってくれた厚手の服を、夏場でも着なければならなかった中山さんへのからかいのことばなのだ。

後者は「モノは言いよう」と佐藤さんが書いているように、「馬鹿」ということばの使い方と相手との関係性なのだろう。佐藤さんは「あのときの『ばーか』は、ずっと人肌で温めていた『ばーか』だったと思う」と書いている。

「おい、ぬくてえか」という、一見暖かいことばが強烈な差別表現になり、「馬鹿」という、もしかしたら相手を傷つけるかもしれないことばが、「モノは言いよう」で人間関係を密にするという。生きていることばのあまりにも激しい落差の好例であるだろう。

◆まとめ

「まとめ」は、この特集に寄稿された何人かの人の文章からの引用になる。みなさんが、それぞれのことばで「まとめ」をしてくれているからだ。もし、その中で、心にとまったり、ひっかかったものがあれば、ぜひ全文をお読みいただきたいと思う。なぜなら、ここで紹介する文章は、全文の中でこそ生きているものだからだ。

一〇月号からは、「私たちにできる最低限のことは、不用意に言葉を使わない、無意識に何の気なしに使わない、ということだろう」（平山さん）、「その理由を聞いて納得できるものならそのまま、素直に「差別する気持ちはありませんでしたが、不快な思いをさせてごめんなさい」と謝ったらどうかと思う」（大西さん）、「言葉やイラストなどの表現の問題は、発信する側だけの問題ではなく、受け取る側もその意味に気づき、本質を捉え、そして自ら判断することが必要ではないだろうか。そして、そういった力を身につけることこそが、まさに人権教育・啓発が目指すところのひとつだと思う」（笹野さん）、「このことばは使っていい、使ってはならないという学習は、従来型の正解を求める学習の域を出ない。人と人とのコミュニケーションには、あらかじめの正解はない。必要なのは、相手の立場に立って考えられるかどうかという力だ」（岡田さん）ということばを紹介しておく。

ちょっと変わった視点（！）で「なるほど」と手を打ったのは、「わたしたちの思考を停止させる力をこの「言葉狩り」という表現は持っているような気がする。このとき「言葉狩り」ではなく、マイノリティ市民の「反論する権利」、「差別的表現を拒否する権利」というような表現が流通していたら状況は変化していたかもしれない」（西村さん）であった。

一一月号の西谷さんのラリーエッセイ（第二八回）の「よく言われる一般原則に、「身体に関する表現は安易に使うべきではない」というものがある。一般論としては、わかるが、その種の表現が出てきた途端、「いまの表現はいかがなものか」と疑義を差し挟むのは、それこそいかがなものか」も考えさせられる。

一二月号の平沢さんの「「言ったもん勝ち」になるのでは、決して民主主義とは言えません。（略）「無難」を決め込む消極的対応ではなく、「何がなぜどのように問題なのか」をめぐって討議すること、またその際に「ことばは権力関係を背景にしてつくられた経緯がある」ことを忘れないことです」は見事な「まとめ」になっている。

◆むすび

「まとめ」の後に「むすび」がくる。変な文章だ。

今回の一連の特集の中で、ぼくはさまざまな気づきや学び、感動さえ与えていただいたが、なかでも最も心に響いたのが、一二月号の野中さんの「難しい」であったので最後に紹介する。

「難しい」……「普通」や「ヤバイ」や「アカン」もそうだが、これほど日常よく使うことばはないかもしれないと思えるほどに、ごくあたりまえのことばだ。この「難しい」ということばについて、野中さんは「「難しいなー」と、考えることを諦め、終わらせてしまうことがあります」と書いている。職場やグループで、常套句のように使われるこのことばが「考えることを諦め、終わらせてしまう」魔力を持っていると考えた人がどれほどいるだろう。そんなことを考えたこともないぼくには、強烈な刺激だった。

先にぼくは、「関係ないやん」が当事者の想いに少しでも近づこうとする努力を停止させることばになりうると書いたが、「関係ないやん」はよく議論の対象になる。しかし、「難しい」が議論の俎上に上がったことは聞いたことがない。それが、「そこで私の職場では〝難しい〟禁句宣言を出しました。〝難しい〟と終わらせるのは簡単。ついつい言ってしまいたくなりますが、もう一度何かできないかと考えることで、少しでも前へ進めるような気がしています」ということになるのだ。「禁句宣言」がすごい。

野中さんの文章を引用させていただいて、本稿の「むすび」にさせていただく。

「〝普通〟も〝難しい〟も言葉を意識することで、行動にもつながっているような気がします。普段何気なく発する〝ことば〟。ていねいに使うと相手を喜ばせ、自分も幸せになる。でもその〝ことば〟による暴力で相手が傷つくことも……そのことを常に考えて、〝ことば〟を大切に使っていきたいです」。

「ことば・表現・差別」については、これからもみなさんとともに考えていきたい。今後もさらなる反響があることを期待したい。

（注）本稿で紹介した内容は全て本書に掲載されています。

第3章

さらなる反響編

ことばは生きている

上杉孝實

『ヒューマンライツ』二〇一〇年一〇月号の「「ことば・表現・差別」再考」の特集にずいぶん反響があり、さまざまな見解が寄せられていて、私自身も惹き付けられるものが多くあった。この問題をめぐって、みんなもやもやしたものを持ちながら、このような形で考えを交流する機会が少なかったことの表れであろう。「手落ち」ということばが差別的と言われるようになっていることは、私も気になっていた。ここでの「手」は、「方法・手段・策略」で、それにぬかりがあるという意味でこの表現が使われていて、「手を尽くす」の反対語である。「手が上がる」「手におえない」などにおける「手」もこのような意味で使われていて、通常、「手落ち」から、身体的な手が落ちていることを連想することはまれである。だから、この言葉を使った、けしからんと言われると違和感が抱かれることになる。

そうはいっても、もともと身体的な手の意味が転じたものであるし、現にそれを身体の状態に引き付けてとらえる人がいる以上、論議することは大切である。議論抜きにことばを封じても、もやもやが残るだけである。放送でも、「ただいま不適切な表現がありましたのでお詫びいたします」と字幕が出ることがあった。何がどのように不適切かわからずじまいで、これでは問題解決とは程遠い。

かなり前のことであるが、古代ヨーロッパを舞台にした映画で、病気で隔離される場面があり、訳語として「宿命的な病気」といった表現が何度も出てきて耳障りであった記憶がある。たぶんハンセン病であったと思われるが、当時「らい病」ということばを避けるようになったものの、それに代わることばを見つけることができず、このようなわかりにくいことばを使ったのであろう。しかし、これではよけいに問題をもたらすように思える。

ある自治体の審議会のあとで、一人の委員が、山本登先生に、あなたたちは平気で部落ということばを使っているが、私らが言うと問題になると言ったことがある。そこでは、文脈抜きにことばを禁句とすることとの広がりが感じられた。同時に、ある町での同和教育研究集会で、一人の部落の高齢者が、報告者が頻繁に部落という言葉を使うことに対して怒ったことも思い出した。報告は問題解決を目指してのものであったが、どうも部落の外側から自らのことを置いておいて、あれこれ言っていると受け止められるような内容であったからだと思う。

ことばは生きていて、使われているうちに意味が変わっていく。よく話題になるように、

「気の置けない友だち」を、いつのまにやら「気を使わなければならない友だち」というように受け止める人が多くなっている。教育の世界でも、かつては個別的指導やガイダンスの意味で用いられていた「補導」が、いまや「悪い方へ行かないように指導すること」と、ある辞書に書かれるようになっている。「教化」はまだ辞書には「人を教え、よい影響を与えて善に導くこと」とあるが、実際には教え込みの意味で受け止められることが多い。これらには、実際にはきついことをソフトな表現でぼやかしてやってきた政策の影響が見られるのである。仏教界で言う「他力本願」が、一般には他人への過度の依存の意味で使われる例もある。論文の中でも間違った使い方をしている者がいると言って、憎籍を持つ教員が腹を立てていたことがある。

同じことばを使っていても、これでは話がかみあわない。コミュニケーションの手段が、誤解の手段になりかねない。思い込みだけで話したり、非難することは危険でさえある。確かめ合いながら話すことは時間がかかるが、大事なことである。放置していてどんどん意味が変わっていっても混乱が生じる。話した意図はよくても、結果として誤解が広がれば、それに無責任というわけにはいかない。

ワードプロセッサーの普及以来、「追求」や「追究」まで「追及」と表現する人が多くなっている。これでは意味が取り違えられてしまいかねない。平和な社会が追及されたのでは、戦争に至る道が用意されるかもしれない。もっともそれ以前から漢字制限で「障碍」が「障害」になったことがあって、いま、かつての漢字の復活が求められているといったこともある。障害は人が持っているというより、それをもたらしている側にあるとすれば、「害」のとらえ方にも異なる面はあるかもしれない。

言い換えで片づけることには問題があるが、より適切な表現を工夫することはあってよいことであろう。英語でも、「チェアーマン」（議長）で、「マン」は「人」を意味するとともに「男」を意味して、女性を排除しているから、「チェアパーソン」（「パーソン」なら性にこだわらず人を意味するものとして使える）という言い方が広がってきたという例がある。そういえば、川西市で子どもの人権オンブズパーソン制度を発足させるとき、普通「オンブズマン」というのを「オンブズパーソン」としたことがある。

男女の性別は、生物学的な意味でのセックスだけでなく、社会文化的に規定されたものでもあることからジェンダーとして表記されるが、それへのとらわれからの脱却をジェンダー・フリーと表現したことに対して、知らずにか、わざとか、フリー・セックスと一緒であるかのようにして攻撃の対象とし、自治体によってはジェンダーそのものが禁句のようにされたところもある。その底には、性が社会文化的に規定されていることを認めたくないという立場がうかがわれるのであるが。

ジェンダーとことばについては、これまでにも多くの例が提示されてきた。「めめしい」ということばに、女という漢字が用いられるなど、男性が権力を持つことによる価値づけがうかがわれる。「かしましい」もそうである。そのあたりの分析は、私たちが自明視してきた文化を見直す上で必要なことである。それは単語だけのことではない。以前に著書にも記したことであるが、私が若いころ、学生の結婚パーティに出て、妻の作った料理に評価の言葉をかけることの大切さを話したところ、後で彼の友人から、彼の方が料理を作るのがうまいのですよと言われたことがある。当時でも自分としては性別役割分業克服の課題を意識していたつもりであるが、このような言動になったことは、性別役割分担意識が身体に入り込んでいたことを示すことにほかならない。

ことばの独り歩きということもあるが、ことばが人をあらわすことも確かである。酔って発言したことばでも、意識の底にあるものが現れたということもあり得る。単純に酔っていたから勘弁とはいかない面がある。意識化することの大事さを痛感するこのごろであり、この欄はそのきっかけを与えてくれたことで貴重に思えた。

「女」のつく漢字が気になる⁉

長谷川美穂

◆違和感を共有する

「身近な違和感に気づく」という人権学習のグループ・ワークで、「女」のつく漢字が気になる！　という意見が出たことがあります。参加者は社会人、学生、主婦などほとんど女性、男性は一名でした。部首に「女」のつく漢字は、例えば姓、好、婦、嫁、奴、妨、妖、姐、姑、始、姆、姻、娯、姫、婚、娼、媚……と、ちょっと調べただけでも五〇を超えます。なかでも特に批判が出たのは、差別的な意味を持つ漢字や熟語です。例えば「嫉妬」。二つとも女偏で、嫉妬は女性の専売特許であるかのような印象を与えます。しかし、男の嫉妬で殺されそうになっているDV被害女性は決して少なくないのでは？　という意見がありました。奴隷を意味する「奴婢（ぬひ）」や、女に帚（ほうき）で「婦」も、話題になりました。

白川静著『新訂　字統』（平凡社、二〇〇七年）によれば、婦には子の妻という意味があり、

「箒」という字は宗廟（つまりお墓）の中を清める香り酒を指し、それが主婦としての任務であったことを表しています。なんにせよ、女性に固定した役割を与える意味を持っています。また女に古いで姑（しゅうとめ）、女が三つで「姦」。「姦」は「よこしま」の意味、神を汚す行為で、荘子には「夫れ神は和を好みて姦を悪む」とあります。中には良いイメージの漢字もありますが、不愉快なものが多すぎて嫌（！）になってきた頃、ふと「新しい漢字を創ったら、どうなる？」という提案が出ました。例えば、「姑は夫偏に母ではどうだろう。六〇になっても七〇になっても古いは失礼だ」という声もありました。「嫉妬」も男女共通の感情だから、人偏か行人偏に改めてはどうか、という声がありました。しかし「改めてしまうと歴史的な経過や現実にある差別が見えにくくなる」という反論もありました。漢字の存在がそのまま、社会に脈々と温存されている女性差別の証拠というわけです。それも正論と思う一方、これらの漢字を毎日繰り返し使ううちに偏見を再生産してはいないだろうか、という疑問も起きてきます。私たちが日常使っている表現の中にはさまざまな差別が内包されていて、気づこうと努力しない限り意識化されません。それゆえに、「あれ、おかしいぞ」という違和感を共有する場を、大切にしていきたいものです。例えば、「女」という文字の語源はというと、増井金典著『日本語源広辞典（増補版）』（ミネルヴァ書房、二〇一二年）によれば、両手を組み合わせ、膝を折り曲げた姿を象形文字にしたものとあり、この語源について知っている人はグループに複数いました。文字には、表現が成立した時代の観念が含まれているのです。「いっそ全部ひらがなとカタカナで書くか」というアイディアも出ました。日常生活でこれを徹底するのは、なかなか大変なことですが、実際に試して気づくことがあるかもしれません。

一方、「男」という字はどうか。田んぼに力で男というのは、男にだけ力仕事を割り当てており差別だという意見、家族を支える仕事を担うイメージがあるという意見などさまざまでした。田んぼの仕事をどうとらえるかは置いておいて、昔の農家の女性たちが農作業に携わらなかったはずはありません。調べてみると、力はもともと農具を意味し、「男」は耕作地の管理者を意味するとありました。男のつく漢字は少ないのですが、なかでも嬲る（なぶる）という字は、男性からも女性からも非常に印象が悪く、「なんてセンスのない！」と盛り上がったところで時間切れ。ふりかえりをして解散となりました。

◆ちょっと違う中国の議論の翻訳

グループ・ワークが終わり自宅で調べ物をしていたら、女偏について中国でも同様の議論があることを知りました。「『妖』『嫌』『奴』など計一六の女偏の漢字は女性差別の意味があり、改めるべきだ」と主張をしているのは、中国のフェミニスト弁護士、葉満天氏です。中国メディアの取材に対し「私たちが今日使っている漢字には、男性優位の封建社会のなごりがあり、マイナスイメージを持つ女偏の漢字が多く、女性の社会的評価を下げている」と説明し、これら女性差別につながる可能性がある一六の女偏漢字を、行人偏に改めるよう政府に求めた、というのです。この主張に対しては、批判もたくさん出されています。日本語のサイト記事によれば、北京師範大学の教授で漢字学者の王寧氏は「漢字は伝統文化が積み重ねられる中で形成されており、それ自身は差別の意味はなく符号に過ぎない。このように言葉狩りをするなら、現代社会に合わない古代の人々の意識や社会制度を反映する漢字を全部変えなければならないので、きりがない」と法制晩報（北京青年報系列紙）という新聞社の取材にコメントした、とありました。ところで、この王寧氏のコメント部分は、実は日本語に翻訳された文章で、このコメントのもとの中国語の文章は、次のようになっています。

「王宁说、包括这些〃女〃字旁汉字在内的中国的汉字在具体应用过程中、只充当一种工具、是一个符号、本身是没有任何歧视的。先人古代造字时、具有当时社会制度的痕迹、是传统和历史的积淀、是一种文化象征、它具有追寻历史的特质。

〝如果认为这些含女字旁的汉字具有性别歧视，那么是不是〝王〟姓也应该改掉呢？因为王是封建专制的象征，现代社会是不是所有姓王的人应该改成姓〝民〟呢，因为〝民〟是民主的意思？〞她反问道。她说，这种提法是不正确的，有悖语言科学。文／记者朱治华」

これを、丁寧に日本語に訳してもらったのが次の文章です。

王寧は、これら「女」の字をつかっているものを含めて、中国の漢字が現実につかわれているプロセスでは、ただ一種の道具になっているだけで、つまりひとつの記号であり、なんら差別するものではない。先人が古代に字を造ったその当時の社会制度の痕跡を備えており、それは伝統と歴史の集積であり、一種の文化の象徴であり、歴史を追いもとめる特質を備えていると述べたうえで、次のように語った。

「もしも、これら女の字をふくむ漢字が性差別であるとみなすならば、それならば、『王』の姓も変えるべきでしょうか？　なぜならば、王とは封建専制の象徴ですから、現代社会はすべての王という姓の人びとを『民』という姓に改めるべきでしょうか。『民』なら民主的な意味ですから」。彼女はこのように問いかえした。この種の物言いは不正確で、言語科学とは相反すると、彼女は語った。

となっています。大まかな趣旨は同じとしても、王という苗字を、「民」に変えなければならないのか？　という事例が出されており、丁寧に説明しようとしている印象を持ちます。少なくとも日本語訳の「言葉狩り」「きりがない」に相当する言葉は中国語には見当たりません。記事の内容を省略するために事例を省いた可能性はありますが、意地悪く見れば、翻訳者自身がこの主張に不賛成であったので、あえて対話を閉ざし、思考停止を促すような表現を選んで翻訳した可能性も否定できません。投げかけられた疑問を誠実に受け止め、議論の土俵にのせられるかどうかは、人権文化の豊かさを測るよい指標ではないかと思います。

◆あきらめず議論を

こうした議論は、一九八〇年代にアメリカではじまったポリティカル・コレクトネス（用語における差別・偏見を取り除くために政治的〈Political〉な観点から見て正しい〈Correct〉用語を使う）運動の流れとも重なります。日本でもアメリカの運動の影響を受けて、一九九九年に「保母」を「保育士」に、二〇〇二年には「看護婦」を「看護師」に改めました。ほかにも、「スチュワーデス」を「客室乗務員」に、「痴ほう症」を「認知症」に改めるなど、たくさんの言葉が法改正を伴いつつ改められました。表現の自由と自主規制についての議論や、言葉狩りであるという批判もありましたが、実際に改められた語彙が日常生活に定着するのに、さほど時間はかかりませんでした。単語として独立しているものと、単語を構成する文字では異なるという意見もあるかもしれません。しかし戦後、中国でも日本でも漢字改革が行われ、大幅に簡略化したり、全く字形の異なる俗字を採用した事例があり、漢字も不動ではありませんでした。日本で創作された字が国字になった事例では、「人」と「動」を組み合わせた「働」、「山」を「上り下り」するところからできた「峠」などがあります。漢字は創作の積み重ねによって、歴史とともに変化しているのです。中国と日本、漢字文化圏に属する私たちが同じ疑問にたどり着いたことは決して偶然ではないでしょう。小さな違和感を大切にあたため、言葉とはなにか、表現とは何か、「きりがない」とあきらめずに議論を深めていける土壌を育てていくことが、私たちの社会をより豊かにするのではないでしょうか。

（注）法制晩報サイト「女偏の漢字についての議論（中国語）」（http://fzwb.ynet.com/article.jsp?oid=62916363）。検索エンジン言語ツールを中国語に変更してご参照ください。

『トイレの神様』とカルチャーショック

守帰朋子

シンガーソングライター植村花菜の『トイレの神様』が大人気である。結構長い歌なので、紅白歌合戦で初めて最後まで聞いたという方もおられるだろう。祖母と暮らした思い出を素直な言葉で表現している。大切な人への愛、大人になる過程でその人のことを忘れてしまった後悔に人びとは共感しているのだろうか。

この『トイレの神様』を話題にすると、そのような共感の言葉とは違う反応も返ってくる。「もう、あのタイトルには思わず引いてしまった」「お姑さんが娘に、『トイレをキレイにすると別嬪さんになる、キレイなお嫁さんなる』って、言ってたわ」「お義母さんが、ちっちゃな娘に便器を磨かせていたのを思い出してしまった」「そうそう、男の孫には言わないのに、女の孫にだけ言うのよねぇ」など。トイレをキレイにする話を最初に誰に聞いたか、その人との関係性で、「懐かしい」とはほど遠い記憶がよみがえることもあると思った。私自身は、祖母からも、その祖母に育てられた母からも、そのような話は聞かされていないので、当然、娘にも教えなかった。私が子どもだった昭和三〇年代は、大阪市内でも水洗トイレはそれほど普及していなくて、汲み取り式便所が一般的であった。「便所に神様がいる」と聞いた記憶がかすかにあるが、うす暗い便所にはお化けや妖怪が出そうな雰囲気があり、子どもにとっては怖い場所であった。そういう事情もあって、明るいトイレの「トイレの女神様神話」には、カルチャーショックを受けた。

この一〇年を振り返ってみても、世間の目とか感じ方がガラリと変わったものが、いくつかある。例えば、DV。法律も整備され、支援のネットワークが整うことで、啓発活動、被害者保護、支援など、以前より一般に知られるようになった。暴力には身体的、精神的、経済的暴力などがあり、長年、夫婦喧嘩で片付けられてきたものが犯罪になると理解が深まり、被害者が声をあげられるようになったのである。

それから、在日二世、三世であることを公表する芸能人が増え、ファンも抵抗感がないという変化はあるが、隣人に対しては、どの程度意識改革が進んでいるのだろうか。なかでも、いちばん顕著に変わったのは禁煙に関する取り組み。最近では、喫煙できる場所がずいぶん少なくなっている。喫煙者の家族、周りの人に健康被害を及ぼすと医学的に証明され、法律や環境が整備され、今日のような状況になった。つまり、突然、喫煙しない権利を認める文化になったということで、愛煙家の方々にとってはカルチャーショックであったろう。この早い変化は、やる気になれば、できるということの証明だろうか。

◆ひっかかる「〜でも」

さて、浮穴さんが書かれていた「かわいそう」という言葉だが、私自身も何度か言われたことがある。自分が自分のことをべつにかわいそうと思っていないこと、むしろがんばったことを誇りにさえ思っていることに対して、「まあ、かわいそうに」と涙ぐまれたときには、非常に居心地の悪い思いをしたものである。

「〜であっても気にしない」という言葉もそうだが、「ママでも、金」の「〜でも」も、やはり、ひっかかる。「金持ちであっても気にしない」とはあまり聞かない。マイナスの内容が前にあって、それに対して「気にしない」とくるからであり、「〜でも」のほうも、「高卒でも、いっぱい資格持っている」とか「大卒でも、仕事がない」とか、一般的な期待を裏切る言葉が後に続くからである。ここでもやはり、誰に向かって言うのかがポイントになると思う。

みなさんのご意見、ご感想を読みながら、当事者や当事者家族が語る場合と、誰かに聞いた話を第三者が語る場合とでは、相手に伝わる迫力は全く違ったものになるのは当然のことであると思った。では、当事者であるけれど匿名で語る場合と、自分の体験ではあるがあえて第三者の話として語る場合とでは、どう違うだろうか。もちろん内容にもよるだろうが、聞き手や読み手の感性、価値観、思い込みにより、受ける印象もずいぶん異なったものになるだろう。言葉は、それが同じ日本語であったとしても、属する組織、世代、個人、それぞれの文化のフィルターを通せば、いろいろな色がつくものである。

先日の新聞に「ふつうの生活など、いまの時代にはないのではないか」と書いてあったが、そういう時代だからこそ、その瞬間にどういうニュアンスで語られたのか、しっかりとらえる必要があると改めて思った。

ことば〝音〟とともに

福寿みどり

みなさんは、敬語って得意ですか？　目上の人、職場の上司、社外の人、きちんとＴＰＯにあわせた会話ができますか⁇

ところで、人は平等というけれど、対等な人間同士、それなのに使い分けは必要なのでしょうか？　相手を思う気持ち？　それとも、マナー、しきたりでしょうか。

でも、使い分けられるというのは、空気が読めるということであり、それだけ、ことば、表現に対する知識がゆたかということでもありますよね。

うーん、最初からむずかしい。人と人とをつなぐコミュニケーションのツールとして、私たちが〝ことば〟に求めているものはなんでしょう。わからなくなってきました。

また、しっかり関係性ができている人の間では、「それはだめでしょう」と笑えることもあるけれど、それでも、なぜ自分が当たり前のように、そういう表現をつかうのか向き合う必要はあるのかも……。だって、ここでしか使わないことばなんて、実現はむずかしいし、自分たちの中だけ通用することばなんて、差別的な気がします。

時代の移り変わりとともに、新しいことばも日々たくさん生まれ、また消えていくこともあります。昔話も元のお話では残酷すぎて、時代とともにどんどん内容が変わっているそうです。でも、タイトルはそのままに話は残っている。そのお話が本当に伝えたかったことは消されていないのかな……。昔話の作り替えの話をきいたとき、ことばの言い換えについて思いました。これも同じなのかな。傷つく人がいるのだから、言い換えをする。もちろん、「健常者」と「男」がつくってきたことば、直さなきゃいけないことばはたくさんあると思います。でも、最近の障害の害の字をひらがなにするような、「障」だって問題あるじゃないと思うような言い換えでは、「禁句集」をつくるだけで、「なぜ」の部分が消されてしまいます。わからないと、周囲の人に「それはよくないことばだよ」とは言えても、それ以上先が続きません。削除したり、言い換えたり、でも、芸術作品に限ってはそのままとか。それって、「部落差別を知っている高齢者がいなくなれば差別はなくなるよ」という話とおんなじで、結局いつまでも残ったままになるのでは……。

放送中の不適切発言については、何が不適切だったか教えてくれず、〝差別発言になるのでは〟と自主規制をかけるマスコミなのに、「前日の発言を、翌日には撤回してしまうことを

『鳩の一声』という」だなんて、ある意味失礼極まりないこの表現をプレスリリースしてしまう軽率さ（時事ネタなら許されるの!?）。外国の映画をみると、たとえば音が消されていることもあるけれど、ドラマの展開上、とくに必要でなくても、差別的な言葉が当たり前に使われています。差別的だとみんなが知っていても、フォーマルな場でなければ使ってもいいのかな。というか、「みんな使ってるでしょ」ってことなのかな、などと思いつつ、やはり日本では「君子、危うきに近寄らず」という考え方があり、自主規制が先回りするのでしょうか。

◆〝ことばの調子〟再考

ところで、「ことば」もそうなんですが、それ以上にことばが音をもって発せられるときの表現のあり方を、このところ感じます。ことばそのものに傷つくことも、もちろんあるけれど、そのことばが発せられたときの雰囲気、調子で傷つくことも多くあると思います。私、現在二児の母です。人権の仕事をしています。頭ではわかっています。でも、子どもたちに対しては、カーッとなると絶対君主の暴君となり、何があろうとも私についてくると一片のためらいもなく信じ、圧倒的な態度で迫って、いつもあとから反省してます。自分が誰かに何か注意されるときも、「言いたいことはわかるし納得するけれど、でも、その言い方はないいんじゃない」と思うときが多々。

でも、子どもに対しては、それを効果（!?）的、いや威圧的に駆使して、もうやりたい放題です。子どもたちの心の中にも、きっと私の伝えたかった内容よりも、私の恐ろしい顔とただでさえデカイ声をさらに張り上げた怒号しか残ってないんだろうな、これじゃー、完全に、私のストレス発散だなーとわかっちゃいるけど、子どもにも、「ごめん。今日、機嫌が悪い」とは予防線を張るけれど、根本的にはやめられないのはどうしてでしょう。

傷つく身近なだれかの顔が浮かぶから、そんなことばを使うのはやめようと思うかもしれない。でも、別に、傷つけたくてしているわけではないにもかかわらず、もっとも身近なわが子が傷つくのをみながら、傷つくことを自覚しつつ、暴言を吐く自分を思うとき、差別のこわさを感じます。私、何のために人権の仕事をしているのだろうと、悩みます。

日々使うことばだからこそ、ゆたかに使いたい。私の気持ちをあらわすのに、もっとも適したことばで話したい。たしかに直接的な言い方より、比喩を使った方が、臨場感が出たり、自分の気持ちをぴったり表現できることもある。でも、使わないことを不自由だなと思わず、それならもっと新しいことばをつくりだしていけばいい。うん、そうだ。というところで、長々となりましたが、感想終わります。

ところで、気になりだすと、鮮魚の「鮮」の字にまでドキッとするという話、具体的な体験を思い出せないですが「うーん、わかる、わかる」と、すごくリアルに感じました。

らしい言葉・らしくない言葉

川野憲二

最近、小学生の娘の言葉使いが気になる。

「女の子らしくない」とか「男の子のようだ」ということではなく、乱暴で、優しさが感じられない言葉が多いのだ。叱ったり、彼女の言ってることを聞き逃すと、てきめん、言葉が荒れてくる。

普段の彼女は、どちらかというと、そんなふうではない。親から見てもよく気がつく、優しい子だと思うのだが。

彼女の口からそんな「らしくない言葉」が出るとき、顔を見ると、やはり、いつもの優しい表情ではなく、「嫌な顔」になっている。その顔を見ると、父親のこっちもますます、叱り声が大きくなる。

他の子どもたちを見ても、「らしくない言葉」が蔓延しているようで、言葉だけ聞くと、「誰が話しているのだろう」と思うことがよくある。

「ことば・表現・差別」という流れからは、はずれてしまったかもしれないが、私が言いたいのは、人には、それぞれ「らしい言葉」があるのでは、ということ。「らしくない言葉」では、けっして人に思いは伝わらないと思うのだが。

「らしい・らしくない」と言っても、それは、女らしいとか男らしくないではなく、むろん日本人らしいということでもなく、まったく、カテゴリーというものにしばられない「わたしらしい言葉」が広がって欲しいと思っている。

自然な「わたしらしい言葉」を使うことによって、「わたしらしい表情」になり、考え方も「わたしらしく」なり、やがては、「わたしらしい行動」につながっていく。街が「わたし色」で染まった人びとであふれれば、いじめや争い、差別はなくなっていく……と、夢見ながら、人権啓発という仕事に携わっているこのごろだ。

娘の話に戻るが、彼女自身、これから、たくさんの人と出会い、さまざまなことを体験するだろう。そのなかで、彼女自身の「らしい言葉」を使えるような人間に成長してくれることを切に願っている。できれば早く。

「触れてはならない感」に気づくとき

くぼたかし

「「ことば・表現・差別」再考」というテーマに『ヒューマンライツ』はじまって以来の反響が巻き起こっているという。

一〇月号の浮穴さんからの問題提起にはじまり、いろんな人がそれぞれの体験に基づき原稿を寄せ合って、議論が深まったり広がったりしている。こうした場が継続されることが大切であり、気合を入れて特別なこととして話さなければならないことではなく、日常的なこととして話題にできることが大切なのではないかと感じている。何が正しくて、何がまちがっているかを決めることが重要なのではなくて、また、そんなことは誰にも決められないことのようにも思われる。本誌でも指摘されているように、思考停止に陥ることを避けることが大事なのだと思う。デリケートな問題だけに、触れないことが、問題を解決もしない代わりに、その渦中に飛び込んで厄介を抱えることもない得策だと考えがちになる。自分の安全を守りたいがゆえに、黙ってしまうのである。

自分自身を振り返ってみても、思考停止に陥り、本当のところは何かよくわからないまま封印してきた「ことば」や「表現」がある。

◆封印したキャンプゲーム

学生時代、ある市の野外活動センターでキャンプカウンセラーをしていたぼくは、教員になって、林間学習などでキャンプファイヤーを任されるようになった。

「♪アブラハムには七人の子……」という歌い出しではじまるキャンプソングゲームをしたときのこと、差別的な部分があると後で指摘された。歌詞の中に「のっぽ」「ちび」が出てくることや、手や足や頭や腰を同時に動かしながら踊るのだが、その動きが身体障害者の人の動きを笑いにしているのではないかという指摘だった。

「差別的」と言われると、冷や汗が出て頭が真っ白になり、もうそれ以上詳しく聞いたり、自分の考えや思いを話すことはできなかったように覚えている。

子どもの頃、喧嘩になった背の低い友だちに対し、悪意を持って「ちび！」という言葉を投げつけた経験もある。その一方で、末っ子の子どもの話をするのに、「うちのちびが……」と話す場合には、問題ないだろうと思う。

その踊りはと言えば、確かに頭も腰も振りながら踊るのは簡単ではないので、むちゃくちゃな動きになってしまう。思い通りにならないことが面白いのだが、脳性まひの人の動きに似た踊りを笑いにしていいのかと言われれば、それを見た障害者が不愉快に感じるのなら止めた方がいいに違いない。しかし、身体障害者に対する悪意を表現する意図があったかと問われれば、ぼくにはなかったと言うしかない。

意図がなくても事実不愉快な人がいるなら、そのことに思い至らないこと自体が「差別」なのだとも思う。また、不愉快に感じる障害者がいなければ、このゲームをやってもいいというわけでもないように思う。

このゲームをやってもいいのか、よくないのかを問題にするのではなく、その奥に潜む自分の意識や、社会全体の意識を掘り下げて考えてみたいと、今は思っている。

しかし、当時のぼくは、「差別者」のレッテルを貼られるのが怖かったのだと思う。自分の中のさまざまな思いや考えを話すことより、そのゲームを自分のレパートリーの中からはずしてしまう方が簡単だった。そして、そのゲームを封印することで、それ以上深く考えることはなくなったということだと思う。

◆思考停止を解除する

長い間忘れていたキャンプゲームのことを思い出したのは、先日、NHK教育テレビで放送していた衝撃的な番組を観たからだ。それは、『きらっといきる』のレギュラーコメンテーターで脳性まひの障害がある玉木さんと放送作家の鈴木おさむさんを中心につくられたお笑い番組『笑っていいかも』である。障害者自身がつくり手となり、自ら演じるバラエティー形式のお笑い番組だ。

障害があるがゆえにコミカルな動きになってしまうネタを笑っていいものか、見る側の戸惑いは小さくはない。しかし、演じる障害者の中には、笑わせることへの喜びを見出している人がいる。これまでしたくてもできなかったことだった。ある意味、お笑いの世界から障害者が排除されていたとも言えなくはない。しかし、この番組を見て不愉快に感じる人がいることも事実である。賛否両論を取り上げつつ、どちらが正しいかではなく、タブーにしてしまわずにみんなで議論していこう！　という、この番組をつくった人たちの思いが伝わってきた。

「くさいものにはふたをしろ」の発想では、原因そのものを取り除くことにはならない。思考停止状態が続くとタブーを生み出す。そのことを意識の上に浮かび上がらせること自体が問題になってしまうと、何が問題なのかは、わからないままになってしまう。

「おとなの学び研究会」の年末の合宿で、今までの記事（『ヒューマンライツ二〇一〇年一〇月号〜一二月号』）をもとにいろいろと話し合っていると、たくさんのことに気づかされた。自分自身の中で思考停止させてしまった要因は何だったのだろうと考えはじめた自分。きっと思考停止解除のボタンをようやく押すことができたというところだろう。

◆使ってはいけない「ことば」とは

言葉自体が悪意を持っているものがある。誰が聴いても不愉快になるとすれば、その言葉は使うべきではない。しかし、同じ言葉でも、不愉快に感じる人とそうでない人がいる場合もある。また、言葉自体には何の悪意もない言葉であっても、その言葉が使われた背景に偏見や差別が潜んでいることがある。また、その言葉を発した人との関係性によって、その言葉の持つ意味が変わってくる場合がある。言葉は言葉として存在するのではなく、その言葉の存在する社会や人間のありようとともに存在している。誰がどんな場面でどんな意図を持って発するかで、同じ言葉でも違ったニュアンスや意味を持ちえるのだと思う。

かなり以前に知り合いの劇団員の方から、こんな話を聞いた。大阪の昔話「てんまのとらやん」という劇の学校公演を行っていたとき、ある小学校で、台本を見せると、「あほ」という言葉がすべて斜線で消されて返されてきた。教頭先生に尋ねると、うちの学校では「あほ」という言葉は使わないように指導しているので、「あほ」は一切使わないでくれということだった。「てんまのとやらん」のせりふにはたくさん「あほ」が出てくるのだが、それを全部とってしまうとお話の味わいも何もなくなってしまうことを説明しても、その学校では理解してもらえなかったという。

「あほ」という言葉が相手を貶めるときに使われる言葉であることはわかっているが、文脈によっては違う深い意味で使われることもある。台本を読んでもらえればわかると思ったのだけど……。一律に使わせないというのが本当に教育的なことなのだろうかと、劇団員の方から問題提起を受けたことを思い出す。

ぼくの友だちでもあるWAKKUNの画集に「手紙」という詩がある。ここにも「あほ」が登場する。字が書けなかったWAKKUNのおばあちゃんがモデルだと聞いたように思うが、ぼくの大好きな詩だ。ちょっと長いが全文を紹介する。

手紙

今年八十才になるお春ばあさんは
縁側に座って、生まれてはじめて手紙を書きました。
小春日よりの陽だまりの中、
お春は遠い山々をながめながら
せいぞうさんのことを考えていました。
はじめてせいぞうさんから手紙をもらったのは、
お春が十五のとき。
お春の父親の与一が病気で死んだときでした。
「お春さん、わしの家で牛の子がでけました」
ただそれだけの言葉で書かれてありました。

次に来たのがお春が十七のとき。
お春の弟が遠い所へ年季奉公にいってしまったよく朝でした。

「お春さん、犬のババ踏んでしもた」
それだけの言葉が書かれてありました。

三度めは、お春が嫁に行く三日前、
丁度お春が十八の春でした。
「お春さん、わしは今日、見たこともないでっけえ虹見ました」

それからはお春が夫に先立たれ
二人の子どもを連れて村へ帰ったときとか
お春の長男が戦死したときなどには
きまってせいぞうさんからの例の短い言葉の手紙がとどきました。
お春の人生の節目には必ずとどいた
ずい分長い年月のずい分短い言葉の手紙でした。

今年八十三才で亡くなったせいぞうさんに

お春ばあさんは生まれてはじめて手紙を書きました。
「せいぞうさんのあほ！」

愛情の思いっきりこもった「あほ」もある。人を貶める「あほ」もある。文字としては同じ二文字であるが、そこに乗っかっている思いはまったく違う。それが言葉というものなのだと思う。

◆「触れてはならない感」

ぼくが二五年前にはじめて勤めた学校は、同和教育推進校といわれる小学校だった。ぼく自身、同和教育推進校という言葉は知っていても、行ったこともなく、その学校がどのような学校かはほとんど知らなかった。学校が決まったことを知り合いに報告すると、何人かの人から「大変やなあ、余計なことを言わんように言葉に気ぃつけや」というようなことを言われた。実際にまだ勤めていないし、何のことかわからないはずなのに、「そうなんだ」と思った自分がいた。そして、そのことは、誰にも言わず自分の中に留めておくべきことだ、つまり思考停止状態にすべきだと感じたように思う。

これが偏見であり、差別なのであるが、思考停止の状態が、この一種の「触れてはならない感」を共有させ、いつまでたっても偏見や差別を自覚できない状況をつくり出しているのではないだろうか。

勤めてしばらくして、「そうなんだ」と思った自分のおかしさに気づいていく。何が大変なのか、何が余計なことなのか、何が他の学校と違うか？「普通」の反対に「普通じゃないもの」「変なもの」といった考え方があるので「普通」という言葉も厄介な言葉だが、ぼくにとってまさしく「普通」の学校だった。きっと忠告してくれた人は、その学校を知らないからこそ、思考停止状態だからこそ、「大変やなあ、余計なことを言わんように言葉に気ぃつけや」と言うことができたのではないかと思う。

その学校の教職員は決してぼくにそのような忠告をしなかったことを考えると、自分が体験したり、実際に知っている人は、「大変な学校」なんて言い方はしないに違いない。偏見や差別というものは、思考停止状態が生み出す「触れてはならない感」がつくり出していくものなのではないかと思う。

「ことばは、生きものだ」というようなことを聞いたことがあるが、自分の暮らし方や生き方が「ことば」に映し出されていることを常に心に留めていたい。

「障害」をめぐることばの問題を、人権の視点から考えるために

松波めぐみ

◆奇妙な「配慮」

「〝障害者〟をいったいどんな人だと想定しているんだろう。〝傷つきやすい人〟？　自分のからだの一部に欠損があることを嘆き悲しんでいる人？」。

障害者への「差別が疑われる」表現の問題、とりわけ、「手短」「手も足も出ない」「手が回らない」「足切り」「視点」といった表現までを避けるような「要注意用語リスト」の存在を知って、わたしが思うのは前記のようなことだ。

従来から問題にされてきた表現（たとえば「片手落ち」「めくら判」など）は、実際に不快に思う人がいたのであろう。ただ、わたしの実感として、身体に関わる表現を基本的に「気にしない」と語る障害者が多い。健常者の過剰反応を笑う人もいる。しかしもちろん、人によって意見が分かれる表現や、文脈によって慎重に考えるべき表現もあるだろう。

一方、こうした表現の問題が障害者にかかわって「さも重要な問題」であるかのように扱われることに違和感を覚えるし（障害者自身「もっと大事なことがたくさんある」と）、「用語集にのっている表現さえ使わなければいいんでしょ？」といった態度に〝ことなかれ主義〟の匂いも感じる。

思うのだが、従来から問題にされてきた表現と、「手が回らない」「視点」といった語までをリストアップすることとの間には、質的な違いがあるのではないか。実際、どんなに想像しても、それらの語で「不快に思う、傷つく」障害者が存在するとは思えないのだ。

もちろん「不快に感じる障害者」が絶対にいない、と断言することは誰もできない。しかしそんな「もしかしたらいるかもしれない人（非実在障害者？）」のために、「配慮」として使用を避けるのは奇妙だし、副次的な作用も気になってしまう。

◆考えるきっかけ？

かくも奇妙な「要注意用語」等は、なぜできたのだろう。推測だが、これは漠然と障害者のことを「気の毒」な存在として捉え、「後ろめたい」と感じ、パターナリスティック（保護的、温情的）に「何かしてあげたい、配慮したい」と思う健常者一般のメンタリティと、自治体や企業が「何か取り組んでいる」ことを示すためにアリバイ的なものが必要だったこと、等の産物ではないだろうか。お手軽に取り組めることとして、従来からあった「差別表現」問題をふくらまそうとして、暴走したのかもしれない。

わたしは、教育委員会などが（おそらく）当該マイノリティの声など聞くことなしに「要注意用語リスト」等を作っていることは問題だと思う。少なくとも、「弱者への配慮」だから良いことだといった捉え方には異議を唱えたい。

なぜなら、「視点」「手も足も出ない」的な表現を狩り出し、使用を避けさせようとする態度は、意味がないばかりか、障害者問題への忌避感さえうむと思うからだ。注意された側は、「ああ、障害者に関わるとメンドクサイんだなあ」という感情をもつだろう。そして、「傷つきやすい」「配慮される側」としての障害者イメージが強化されるかもしれない。そこから帰結されるのは、思考停止だろう。

よく、ことばや表現の問題について、「（その是非は一概に言えないとしても、）考えるきっかけにすればいい」ということが言われる。だが、障害をもつ本人の声を聞いて作ったとは思えない「要注意用語リスト」のようなものを通して、「考えるきっかけ」がうまれるだろうか。そこで想像されるのは、視力がないことや足が動かないことを悲しいと思い、表現に傷つく障害者だ。

するとやはり「配慮しましょう」以外の結論は出ない気がする。

そして、こうした表現の是非を議論しても、「障害の問題を人権の視点から考える」ことには向かわないと思う。その理由をこの先、述べていく。

◆「障害」ということば

わたしは障害者の自立生活運動や権利擁護に関心をもって、「障害学」を学び、実践に関わってきた者である。近年、「障害」の表記について質問を受けることが多くなった――「しょうがいって、最近ではひらがなで書くんでしょ?」と。研修などの際に、勝手に訂正されることもある。

確かに最近「障がい」「しょうがい」などいうひらがな(あるいはひらがな交じりの)表記を、自治体等でも行うようになっているが、わたしの立場は明確で、「障害」という〝悪い意味の〟漢字を使い続けている。わたしの運動や研究上の仲間も、同様である(以下、まるで〝授業〟のようになってしまうのはお許し願いたい)。

わたしが「障害」を使い続ける最大の理由は、「障害」「障害者」という語をひらがなに変えて〝ソフトな〟イメージに変えることは、これまで障害者の権利擁護運動が問うてきた、「障害とは何か」という問い直しを無効化し、「社会の責任」をぼやかしてしまうからだ。「障害とは何か」。この根本的なところを問うてはじめて、障害者に関わる問題を「人権の視点」から捉える道筋が見えてくる。

◆「からだ」（医学モデル）から「社会」（社会モデル）へ焦点をずらす

『ヒューマンライツ』の読者のみなさんにお尋ねしよう。「〝障害〟とは、何だと思いますか？」。

おそらく大多数の方はこう答えるだろう。――障害とは「目が見えない、耳が聞こえない、歩けない、知的発達が遅れているなど、からだの一部に欠陥があり、〝そのために〟いろんな不利益があること」だと。

その常識的な「障害」観が、障害者運動によって批判されてきた。このような障害観を「障害の医学モデル」（個人モデル）と呼ぶ。この障害観では、「からだのどこかに欠陥がある」ことが「不利益」に直結することになる。実際には、社会の側のバリア（物理的なものだけでなく法制度、偏見、価値観など）が大きく関与するのに、それが問われないで済んでしまうのだ。また、「からだの欠陥」に焦点をおくことは、「障害はないほうがいいもの、なおすべきもの」「隠したほうがいいもの」という価値観を内包する。障害者は常に「克服」のための努力を求められる（健常者社会は「がんばる障害者」を好んでメディアや教科書に登場させる。「なぜがんばらないといけないのか、がんばれない人はどうしたらいいのか」という問いは、スルーされてきた）。

そうした障害観を批判して、障害者運動が主張してきた新しい障害観が「障害の社会モデル」である。これは二〇〇六年に採択された国連の「障害者権利条約」のベースになる考え方だ。

人間のからだはそもそも多様で、いろんな人がいるのが当たり前なのに、一部の人を排除して形成された「社会」（健常者社会）のあり方こそ、問題である。障害者を排除する社会のしくみ、健常者であることを至上とする価値観、そうした社会環境こそが「障害」をつくっている――と、「社会モデル」は考えるのだ。障害者と出会う機会が少なく、かれらのニーズにわたしたちが鈍感でいられるのも、教育・雇用・地域社会において分離される「社会のしくみ」があったからだ。本人と親がひたすら努力を強いられるのではなく、わたしたち全員の責任において、社会のしくみや価値観を変えていこう、ということだ。

つまり、問題の焦点を、「からだ（欠損）」から、「社会のしくみ、健常者の価値観」へと移そうと努力してきたのが障害者の人権擁護運動の歴史なのである。

◆再び、なぜ「障害（者）」を使い続けるか

それでは、なぜあえて従来からの「障害」という漢字を使い続けるのかを、もう一度説明しよう。

もともと障害ということばは、「からだのどこかの欠損」を意味すると同時に、「だから不自由（不利益を受ける）」というニュアンスがあった。「障害者」は「からだに欠損があるから不自由な人」というのが一般的な意味である。それに対して障害者運動は、新しい言葉（ポジティブな意味とか）をつくるのではなしに、自分たちが引き受けてきた「障害」ということばを、「障害者を排除する社会ゆえに負わされてきた不利益」という意味に転換し、その悔しさ、理不尽さを忘れないためにも、健常者社会を問い続けるためにも、（悪いイメージの）漢字を使い続けることにしたのである（実は、特にイギリスの“disability”という語にも同様の経過がある）。

つまり、今日の障害者の人権の考え方に照らせば、「障害者」＝「排除する社会ゆえに不利益を負わされている人」という意味になる。そう考えると、「しょうがい者」に変更することの無意味さがわかってくるだろう。

もちろん、現実には非常に多様な障害者がおり、特に中途で障害を負った人（あるいはその家

族）の中には、「障害者」という語を嫌い、受け入れがたく思う人もいる。だがそれは、「障害者」への同情的なまなざしと排除、社会制度の不備等を変えることで解消すべき課題であって、名称変更が何かを解決するわけではない。

少なくとも、障害者自身が、「障害」ということばを引き受け、その意味内容を変えようと努力してきている最中に、健常者社会がそのことばを奪うことは許されないだろう。

◆「抜き」にしてきた歴史の反省から

「われわれ抜きで、われわれのことを何も決めるな！」（Nothing about us, without us !）という言葉をご存じだろうか。これは国際的にも、日本国内でも、障害当事者運動のスローガンとしてこの一〇年ほどの間に驚くほど広がったことばである。障害者の声や意見をじゅうぶん聞くことなしに、もっぱらマジョリティ（障害のない人）の論理や都合によって「障害者についての」法律や政策が決められ、押しつけられてきた歴史がある。それに対する「もう我慢ならない！」という思いが、このことばには込められている。

わたしは、たとえば国連の会議場でも（二〇〇六年に採択された障害者権利条約が策定される前の「特別委員会」にて）、同じころ日本で行われた「障害者自立支援法」に反対する集会やデモ行進でも、同じことばを聞いた。繰り返し聞いた。「われわれぬきで……」は日本語として決して言いやすいものではない。それでもこのスローガンが普及・定着したのは、それだけ自分たちが「抜き」にされてきたという実感を、障害をもつ人たちが抱いてきた証拠だと思う。

注意してほしいのは、これまで障害者「抜き」で決められてきた法律や政策も、表向きは「障害者のため」の美しいことばで飾られてきたし、一般には「良きもの」と思われてきたということだ。「〝障害者のための施設〟に入れば一生安心でしょう」などと。障害者にとって切実な「人権」の課題が何であるかは、いまだほとんど一般社会に知られていない。

「しょうがい」という表記問題にしても、「奇妙な差別表現」にしても、健常者側のニーズや思いこみ（たとえ善意であれ）という要素が強い。一方的な「配慮」を押しつけ、「障害者の声を聞くこと」を疎かにすること、そこに差別がある。

第4章

出会って話そう
――「いってもいいかも」編

対話から深まる「もやもや」と「こだわり」

岡田耕治

◆二列のコの字型

ＨＲＣビルの四階の研修室には、長机が三列、七〇人ほどが座れるスクール型式で並んでいた。私たち「おとなの学び研究会」のメンバーは、資料やお茶、お菓子を並べ、研修の準備を始める。私は、支援教育の重要なスキルとして、事前に予定やスケジュールを視覚的に示すことが大事だと論議していたので、今日のワークショップの流れを模造紙に書きはじめた。ワークを三つに分けて、最初に共通基盤づくりをし、次にワールド・カフェ、最後に「提案」をつくるという形で参加者に提示しようと思っていた。

そのとき、メンバーから「座席はどうします？　班にしておきますか？」と声がかかった。「でも、最初から班になっていると、それだけでプレッシャーがかかるから、このままにしましょう」と応えた。そのとき、「この前、コの字型にすると言ってなかった？」と突っ込みが入った。そう言えば、前回の「おとなの学び研究会」の折り、今日の進め方について打ち合わせをしたあと、例によって居酒屋ワークショップに流れ込み、そこで、私が佐藤学さんの提唱する「学びの共同体」の座席が、二重のコの字型で、全員の顔が見えて学べるし、前の座席の人が後ろを向くだけで四人グループができる優れものだと提案した。

私はすっかり忘れていたが、浮穴さんはそれを覚えていたのだ。

「浮穴さん酔ってなかったんですね」「いやいや、二列のコの字型というのが新鮮だったんで記憶にあったんや」。今から思うと、この会話が今回のワークショップを決定づけた。

二時からはじまった『ヒューマンライツ』読者・執筆者交流会は、最初に西村寿子さんの趣旨説明からはじまった。『おとなの学び——人権研修リーダーのために』（解放出版社、二〇〇八年）の刊行を契機に生まれたネットワーク「おとなの学び研究会」でのまじめなおしゃべりから「「ことば・表現・差別」再考」が生まれたこと。二〇一〇年一〇月号、一一月号、二〇一一年一月号、二月号とどんどん広がり、深まっているが、いまだ語り尽くせないテーマなので、このような交流の場を持って語り合うことになった、と。

続いて、特集の発案者の浮穴正博さんから「「ことば・表現・差別」再考」がはじまったいきさつが述べられた。浮穴さんは、東日本大震災のあと、まずコマーシャルが変わったこと。

公共広告機構のコマーシャルで、「思いは見えないけれど、思いやりは誰にでも見える」というコピーについて、この「見える」をどう思いますかと、いきなり参加者を掴んでいく。そして、ある団体から「かたておち」や「てみじか」ということばをどう考えればいいのだろうという依頼を受けて、「おとなの学び研究会」に提起したことから、「ことば・表現・差別」再考の連続企画がはじまったことを語った。

そこで、用意した模造紙で私から今日の流れを次のように説明した。最初に今日の交流会に期待することを全員が話すことで、共通基盤をつくること。次にワールド・カフェという手法を用いて、参加者による対話を行い、最後に対話して得た収穫を「提案」という形でまとめるという三段階である。

特に、メインの活動であるワールド・カフェについては、次の大切にしたい「七つの原理」を紹介した。①共通基盤を設定する、②もてなしの空間を創造する、③大切な質問を探求する、④全員の貢献を促す、⑤多様な視点を他花受粉させていく、⑥深い質問に共に耳を澄ます、⑦さまざまな気づきから収穫し、共有する。

具体的には、①については、自己紹介とともにこの交流会に期待することを話してもらうことにする。②は、受付時に紙コップを渡し、それに記名してもらって名札代わりとし、お茶やお菓子を用意している。③の「大切な質問」は、全員の「この交流会に期待すること」を聞き終えた段階で設定する。④は、四人一組のグループが全員の貢献を促しやすいので、後ほど前の二人が後ろを向いて、四人で組をつくる。⑤は、四人の対話を一区切りしたあと、一人のホスト役を決めて、その人以外は別々のグループに出かけ、「他花受粉」していく。それを四ラウンド行い、四ラウンド目は、元のグループに戻る。⑥の「深い質問」とは、たとえば「本当にそうなのかな?」など、対話を深めるための本音というか、投げ掛けであり、それを大切にしていく。⑦は、対話して終わりではなく、ふりかえりの時間をとって、対話の中から気づいたことを「収穫」という形にする。以上のことを説明し、共通基盤づくりに移っていった。

◆共通基盤づくり

自己紹介がはじまってしばらくして、四〇名ほどの参加者がずいぶん多様なんだなと気づいた。公民館や生涯学習課、人権教育課などの社会教育の方、企業の人権担当の方、地域で人権課題に取り組んでいる方、教職員、教育委員会事務局の方、NPOなどの団体に所属している方、大学の研究者、出版物の編集者などなど。そして、さらに気づいたことは、二〇一〇年の一〇月号以降、多くの方々が本誌の執筆者なんだということだ。「実は一〇月号にペンネームで書きました」「一二月号に書きました」と、今回の「「ことば・表現・差別」再考」という企画は、執筆者と読者の境界をなくしていく取り組みでもあったのだと気づいた。しかも、学びの共同体風の二重コの字型の座席は、一重のロの字型のようにあからさまでなく、ほどよく全員の顔が見える。

みなさんがこの交流会に期待していることとしては、次のような声が出された。「日頃の人間関係の中だけで考えるのではなく、違った視点に出会いたい」「その言葉は使ってはいけないと言われたとき、なぜ？　って聞けなかった」「この言葉はどうかと社内で聞かれることがあるが、整理がつかないときがある」「人権研修で人と話すときと、仕事場で話すときの言葉がまるで違っていて、使い分けている自分がある」などなど。ここで、いったん休憩に入ることとし、休憩中にカフェのための「大切な質問」を「ことば・表現・差別　私のもやもや感、私の疑問」と設定した。

◆ワールド・カフェ

休憩中に四人で一つのテーブルを囲むように配置し、テーブルには大きめの紙とマーカーを配布した。ペットボトルのお茶は、各テーブルに一つずつ置き、参加者は何種類かお好みのお菓子をテーブルに並べて、いよいよ第一ラウンドのはじまりである。「おとなの学び研究会」のメンバーは、四人グループの中に入ったり、スタッフとして写真を撮ったり、浮穴さんは、私の進行を手伝ってくれたので、二人でファシリテーションをする心強さを感じた。最初の自己紹介に時間を割いたので、一ラウンドの時間は短くてもいいのではという彼の言葉で、一ラウンドを一〇分としてタイマーをスタートさせた。

テーブルは全部で八つ、これまで何度かワールド・カフェを行ったが、今回はいきなり全開でおしゃべりがはじまった。その様子を参加者アンケートの言葉をつないで伝えたい。

- はじめて出会う方たちとこんな短時間で、真剣に話し合えた。これからの研修のスタイルに取り入れていきたいと思った。
- 自分が感じているもやもやしたものについて、人に聞いてもらえる機会、またそのことについて他の人の考えを聞く機会が与えられて幸いでした。
- ほんとにさまざまな「もやもや」に出会うことができました。でも、「もやもや」のゆれ幅が大きいことは、とてもすてきなことなのですね。反対に、ゆれ幅がないときは、学びが自分の中に入ってこないのかなと思います。

・私のもやもやは、「異文化理解」という表現はだめで、「多文化理解」という言葉を使うように言われたことでした。でも、対話の中で「異文化」と「多文化」は全く違う概念だということを知り、気持ちがすっきりしました。

・ワールド・カフェでは、1R→2R→3Rとラウンドが進むたびに情報が加わり、最後にはもとのグループで着地できたのが非常によかった。

・テーブルを替わるごとにポイントとなる言葉や観点が違って、それぞれに対話がたのしめました。

・「もやもや」を閉じたままにする、あるいは「差別用語」だから使ってはいけないとするのではなく、なぜなのかを互いの関係を築く方向で議論し、話し合えることが人権文化だと気づけるカフェだった。

このような感想だけでもカフェの雰囲気は伝わると思うが、私がテーブルを回りながら収集した対話を一つだけ紹介したい。ある男性が人権研修の中で妻のことを「連れ合い」と呼ぶ呼び方を知った。家に帰って妻にこれから「連れ合い」と呼び合おうかと言うと、「そんな冷たい言い方はいやだ。今までどおりカナイでいい」という。以降、人権を学ぶ場では「連れ合い」、近所では「カナイ」を使い分けている、と。このエピソードを聞いて、この場は何を言っても学びにつながっていくという、そんな開かれたコミュニケーションが成立しているように感じられた。しんどくない角度で互いの顔を見ながら共通基盤を作ることができたからかもしれない。

カフェが進むと、そのエピソードにさらにエピソードが加わり、「私ははじめて連れ合いという言葉を聞いたとき、なんと響きのいい、実感を伴う言葉かと思い、それ以降はもっぱら連れ合いを使うようにしている」と。一つの言葉を巡っても、これほど受け取り方が違うのだなと考えさせられる。一つの言葉をめぐる捉え方の不一致は、お互いの理解をより深いものにしてくれる、そんな対話の連続だった。

◆ハーベスト（収穫）

時計を見ると、午後五時の終了まであと一五分ほどしか残っていない。参加者のアンケートにも、良くなかった点として「自己紹介や交流会に期待することのトークは面白かったけれど、少し時間を取りすぎた」とある。時間を区切った方がよかったのか、参加者の語りを丸ごと尊重した方がよかったのか、迷うところだ。いずれにしても、時間どおりに終わらないといけないので、急いで「収穫」を意識して、それを共有するという時間をつくることにした。

そのとき、私の頭に浮かんだのは、「WISH」という性教育のプログラムで、対話のあと短い時間でも個人としてふりかえる時間を確保することだった。そこで、最初に配布したアンケートを、最後ではなく「共有」の前に記入してもらうことにする。

「いっぱい対話したけれども、自分にとってのハーベスト（収穫）は何だったのかを意識して、記入してください」と。会場は、今までのおしゃべりの雰囲気とは打って変わって、ペンを走らせる音と考え込む息づかいに満たされる。

そして、残りの一〇分間で、もう一度四人で向かい合い、自分のハーベストを語る時間を取ることに。こんなときは、一人一分間をタイマーで区切って、順に発表してもらう方がいいと感じたので、少ない残り時間を平等に分け合うことにした。ハーベストとして語られたのは、参加者アンケートによると次のような内容だった。

- 自分の感じたことを素直に認めつつ、もやもやしたときは、「ちょっと待って、もう少しなぜそう思うのか聞かせてほしい」と聞いてみる。そんなスキルを一つ引き出しに入れました。

・言葉遣いを指摘されたときに、単にそれを受け入れるのではなく、「どのように感じられましたか？　体験を話していただけませんか？」と問いかけることによって、自分も含めその場に居る人の理解を深めることができるというのが本日の収穫です。

・「もやもや」してることは、ときにスッキリしたくなるが、きっぱりはっきりエエかワルイかじゃなくて、なんやろな～と「もやもや」を持っとくのがだいじやと思う。そして、こういうもやもや出しの場がときどきあったら、なおよい。

短い時間だったけれども、しゃべりっぱなしではなく、それを通して自分が何を感じ、何に気づき、何を収穫としたのかを共有できたひとときだった。ある人は、ワークショップ全体をふりかえって、こう書いている。

・いろいろな方々と普段話さないような「ことばと差別」についてお話ができて、とてもよかったです。言葉について話せる場があることが大切なのではなく、話せる、対話できる、それも一人ひとりの話をしっかり聴いてくれる、この雰囲気というか、関係性が大切なんだと思いました。

人は自分の物語、自分の考えを自分だけでつくることができるわけではない。しっかり聴いてくれる人への語りかけをとおして、物語や考えが生み出されるにちがいない。

◆居酒屋ワークショップ

「おとなの学び研究会」では、まじめなおしゃべりの終了後、さらに居酒屋に場所を移して、まじめなおしゃべりを続ける。この日も二〇人以上の方と次の場所まで連れ合うことになった。会場は大きなテーブルのある座敷で、全員がそのテーブルを囲んで会食がはじまった。三〇分ほどしたところで、例によって、一人ずつ「このごろはずんだおしゃべり」をテーマにトークがはじまった。

今日のワークショップについていちばんぴったりだなと思った発言は、「もやもやを考え続けていると、もっともやもやしてくる」というものだった。自分が抱え込んでいるもやもやから一歩抜けだし、そのもやもやを見つめ直すためには、今日のようなまじめなおしゃべりが一番有効ではないかと思う。だからこそ、みなさんは「もっともやもや」しているはずなのに表情は明るい。

「最初に勤めた職場では、こんなふうに一人ずつ語っていったけれども、今は飲みに行っても隣同士話をする程度になってしまった」とふりかえった方があった。大きなテーブルに全員がついているので、立ち上がって一人が語り始めると、全員が話し終わるまで聴いてくれる。もちろん、グラスを傾けながら、箸を動かしながら。

「今日話したことで解決は見えないことも多いけれど、企業ではもやもやのままにしておくわけにはいかない」。

そう率直に語ってくれた方があった。確かに企業においては、論理的な考え方を用いて問題を解決する場面が多くあって、与えられた問いを「もやもや」のままにしておくことに抵抗があるだろう。しかし現在、企業においてこそ与えられた問いがあり、それにたいする解決があるという状況ではないのではなかろうか。企業の中でこそ各人の「もやもや」を出し合う対話が組織文化を形成し、よりよい実践へとつながっていくのではないかと思う。

「人権にこだわっていると、ひとりぼっち感におそわれることがあります。でも、人権にこだわることを好んでいると言いたくなる人がこんなに多くいるんだというのが、今日の発見です」という発言に、あったかい笑いと短い拍手が送られる。最近はずんだおしゃべりは、どうもみなさん今日のワークショップのようだった。

それぞれに「もやもや」や「こだわり」があって、それを話すことによって顕在化し、聞き手の反応によってほぐされていく、そんな語りが続いていった。

居酒屋を出て駅に向かう途中、西村寿子さんがこんなふうに語ってくれた。「『ヒューマンライツ』の表紙が黒田征太郎さんのイラストになったとき、先輩から『西村さんは、こんな雑誌を作りたかったんやな』と声をかけられ、うれしかった」と。

『ヒューマンライツ』と名づけられてからでも二三年の歴史がある。西村さんはさらに、「今回の連続企画で、読者が執筆者に、またそれが読者の反響を呼んで執筆者にと、執筆者と読者の垣根がなくなり、循環していく。協力してくれる人たちがいて、こういうことができるのが夢だった、ということを今日改めて実感しました」と。おそらく、今回のワークショップの参加者のおしゃべりも、この循環の中で光彩を放つことになるだろう。西村さんは、こんな雑誌を作りたかったのですね。

「いってもいいかも」に参加して

「思考停止しない」の先へ行きたい

白米一満

「いってもいいかも」という軽いノリで交流会に参加した私であるが、そもそも『ヒューマンライツ』の特集に関心をもったのは、自分も「手短に」などの表現にモヤモヤを感じていたからである。そういった表現に対して「不適切だ」という指摘がなされる場面に、これまで何度か遭遇してきた。そういうとき、自分ではなぜ不適切なのかわからないくせに、わかったようなフリをして受け入れてきた。「なんでアカンの?」と聞いてみることがほとんどなかった。たまに聞いてみても、納得いく説明でなくとも、きちんと問いかえさなかった。自分一人で考えていても「身体に関わる表現は使うなということか? じゃあ総入れ歯の人に配慮したら〝歯牙にもかけない〟もアカンの?」などと、見当違いのところをグルグル回るだけで結論めいたものには至らなかった。今回の特集は、そんなモヤモヤに応えてくれる内容であったので、参加させていただいた次第である。話題の中で特に印象に残ったのは「障害(障がい、しょうがい)」の表記についてのやりとりであった。我々は誰しも自分の体験に基づいて思考する。たとえば、「『害』の文字は不快だ、傷つく」と言う障害者と出会えば、「障がい（しょうがい）者」と書きたくなる。逆に、「そんな書き換えは問題を見えにくくする。障害者運動が『障害は個人ではなく社会にある』と障害観の捉え直しをしてきたことを考えれば漢字で書くべきだ」と言う運動家に出会えば、漢字で書こうと考えがちだ。

多くの方が指摘しているように、こういう問題は「どちらが正しい」ということではないと思う。思考停止に陥らずに、それをきっかけとして意見の違う他者とともに考えていくことが大切なのだろう。そのこと自体は腑に落ちたと感じている。

しかし、この「ともに考えていく」を実践するのは簡単ではない。こちらの見解をまったく聞き入れない（と感じられる）人もいる。「当事者じゃないくせに」と返されることもある。「そんなこともわからないのか」と攻撃されたり、「どっちでもいいんじゃない」と考えることを拒絶されたりすることもある。そういう状況で「ともに考えて」いこうとすれば、単に自分が思考停止しないだけでは〝歯が立たない〟。他者との関係を結んでいく能力が、セットで求められる。言葉は人と人との間に存在するものなのだから、表現について考えるということは、人との関わり方を考えることなのだと気づかされた研修会であったと思う。

「いってもいいかも」に参加して

「『なぜ』と問いかける」責任

宇仁田　元

自己紹介を終えると、すでに九〇分が経過していました。ここにやって来た動機、日々のくらしの中で考えていることなど、一人ひとりの方々のことばに対する迷いやこだわりに圧倒されました。これだけで期待以上の手ごたえがあり、もう終わっていいかも……というわけにもいかず、気持ちをリセットし、いよいよ本題のワールド・カフェに。

初めて会った人間同士があれほど熱く語り合えることに、正直驚きました。もっともっと語り合いたいと感じました。この手法は、今度、自分が企画する研修会にもぜひ使ってみたい。

意見を交わす中で、参加者がみなそれぞれ、ことばに対する何らかのジレンマを抱えていることがわかりました。互いに共感したり、うなずいたりする場面がいくつもありました。

「障がいのある人たちのことを『かわいそう』だと思うことは間違っているのだと気づきました」――人権学習や活動の場で、こうした子どもたちの語りに出会うことがあります。自分の学びや思いを懸命に表現しようとする子どもたちの姿に共感したり、感動したりしつつも、幾度となくさまざまな場所において同じことばを聞くようになり、次第にわりきれないもやもや感が自分の中に膨らんできつつありました。

やがて、そのもやもや感は、不安や反省へと成長していきました。「かわいそうだと思うことが間違い」なのだという「正解」を子どもたちに「教えて」きたのが、私がこれまで取り組んできた人権教育ではなかったのか、そんな思いにとらわれました。

さらに、振り返れば、とりわけ被差別当事者が語ることばを「正解」として受け止めることで満足してしまい、自分の中にある疑問や本当の意味で理解できていないことがらに対して、あえて向き合おうとしてこなかった私自身がいます。

それが、まさに「思考停止状態」なのかもしれない。むしろ「かわいそう」と思う自分自身の中にある障がい者観やいまだ理解できていないことがらを、他者や当事者などに問いかけたり、対話したりすることによって自己を掘り下げることこそが人権教育として必要なのではないか、そんなことを考えました。

私たちは、職場や地域、家庭などさまざまな場や集団に身を置きながら日々暮らしています。思考を止めてしまうのではなく、「なぜ」と自分自身や他者に問いかけることが、コミュニティを構成する一人としての責任なのだと感じました。

「いってもいいかも」に参加して

コミュニケーションを成り立たせるもの

蔵田和子

五〇代の半ばを過ぎてから、ますます人と意思疎通することのむずかしさを感じはじめている。娘が外国人と結婚し、家族の一員としてこの青年を喜んで迎え入れたのだが、日頃から多文化共生を口にしていた私にとって現実の厳しさ、人を理解することの難しさをつくづく実感させられる出来事が続いて、すっかり自信を失ってしまった。そして、日本人同士でも相手を十分理解できた、また相手が私の話をよく理解してくれたと思っていても、実はその半分くらいしか伝わっていないのではなかろうかと思うようになった。まあ、一〇〇%自分を理解してもらおうと思うほうが土台無理な話で、半分もわかってもらえればそれでいいじゃない、と開き直るのが大人なのかもしれないけれど、大人になりきれていない私にはなんだか割り切れない気持ちが残ってしまう。

若い恋人同士が相手を美化して、自分にはこの人しかいないと思い込んで結婚しても、そのうち興ざめするときがくることを知ってしまうと、容易には手の届かない韓流スターにでも勝手に恋心を抱いてロマンティックな気分に浸るのは、夫婦のコミュニケーション不足という現実からしばし逃避できる安全で賢い方法なのかもしれない。でも、現実に目の前にいる人とのコミュニケーションにこだわる私はそれも受け入れ難い。

「意味のある」コミュニケーションを成立させるためにはいくつかの条件が必要だ。一緒に暮らしている家族同士、毎日職場で顔を突き合わしている同僚同士でも、この条件が欠けると意思の疎通は限りなく遠のく。まず相手を尊重し関心を持つこと、自分の思い込みを排し、相手の言うことに耳を傾けてよく聞くこと、自分の一方的な考えを押しつけるのではなく、相手の意見も踏まえて応答の言葉を返すこと。さらに、理解したことを実際の行動に現すこと。それによって相手は自分が理解されたことを実感し、互いの信頼が築きあげられる。コミュニケーションがきちんと成立するためには、ここまでが必要なプロセスなのではないかと思う。しかし、頭ではわかっていても、現実にはなかなか思い通りにいかないものだ。

こんなもやもやとした気持ちを抱えて日常を送る私は、ワールド・カフェのご案内を受け取り、久しぶりに会う中国人の友人を誘って参加した。彼女も私もこの場では気持ちよく語り、聴き、気づきを与えられて、ひととき、さわやかな時間を過ごした。人と理解し合おうとする姿勢はやっぱり失いたくないものだと思いながら帰途についた。

特集「「ことば・表現・差別」再考」を使った研修例

浮穴正博

去る六月二五日、鳥取市地区人権啓発推進協議会連合会の依頼を受けて、演題もそのままの「ことば・表現・差別」という研修会に日帰りで行ってきた。

鳥取市の人権研修体制は、市内を五二の地区に分けてそれぞれに原則四人の人権啓発推進員を配置するというきめの細かさだ。今回の研修の対象者はその推進員で、約二〇〇人にものぼる（参加者一三八人・出席率六四・八％）。

場所は鳥取市立国府町中央公民館の、五〇〇人を収容できるホールで、ぼくがいた富田林の中央公民館などとは比較にならない、うらやましいほど立派な施設であった。そのホールの中央部に綱を張って、前の方に座らせるという形である。

そんなホールであるから、当然椅子は固定式である。ちょっと机や椅子を動かしてグループに……というわけにはいかない。ぼくは最初ワールド・カフェのイメージを考えていたので、最初からつまずいた格好になってしまった。

資料としては、『ヒューマンライツ』二〇一〇年一〇月号と二〇一一年一月号のぼくの文章は責任上当然のこととして、一〇月号から岡井さんと平山さんの文章、一二月号から平沢さん、野中さん、川西さん、大森さん、臼井さん、二月号からくぼさんの文章を無断で借用させていただいた。特集のすべての文章を提示できればよかったのだろうが、それではあまりにも大部にすぎる。参加者があらかじめ資料を読んでいないことが想像できたので、準備した資料だけでも多かったかもしれない（これらは本書に掲載している）。

会場が広く、時間も九〇分と制限されていたため、移動するのは時間の浪費だと判断して隣近所の人たちと話し合うという形にした。

最初に一〇月号のぼくの文章を紹介しながら、「かたておち（片手落ち）」や「てみじか（手短）」ということばをテーマに研修したいという依頼を、引き受けはしたものの、悩みに悩んだ末に「おとなの学び研究会」の仲間に相談したという特集のきっかけを話した。

次に岡井さんと平山さんの文章までを紹介して、一回目の話し合いに入ったのだが、その際に、

①二人から四人までのグループになってください

②みなさんは人権啓発推進員なのだから、周囲に気を配って、だれも一人ぼっちにしないでください

③話し合いの間、ぼくはみなさんの間をウロウロしているので、いつでも声をかけて質問や疑問や意見をぶつけてください

ということを伝えておいた。

だから、話し合いの間、ぼくは壇から降りて会場をウロウロする。そうして、声をかけられて、意見や感想があれば話し合いに加わるというやり方をした。

続いて平沢さんから臼井さんまでの文章をザッと紹介して二回目の話し合いに入った。同じようにぼくはウロウロする。

三回目の話し合いに入る前には、一月号のぼくの文章を示しながら、「養老院」や「やばい」「あかん」など、資料として準備できなかったことばをできるだけ紹介したことはいうまでもない（ぼくは特集のすべてのコピーを持参している）。一〇月号のラリーエッセイから竹内さんの「足がない」「チックタック」というエピソードなども紹介した。

もう時間がない。最後には質疑応答はなしとことわって、まず資料として準備できなかった

五月号から白米さんと宇仁田さんの文章を要約して紹介して、「みなさんは『かわいそうだと思うことが間違い』という『正解』を『教える』研修をしていませんか？」と、軽く疑問を投げかけておいた。

会場をウロウロしていて声をかけられた中で、印象に残っているのが「関係ない」と「普通」だったので紹介しよう。

前者は「関係ない」がどうしていけないのかという疑問だった。そこでは、「あなたたなら、どう答える？」というワーク（『学習者とともに考える同和問題に関する参加型学習』三八ページ、編集：部落解放・人権研究所、発行：大阪人権教育啓発事業推進協議会、二〇〇八年三月）を紹介しながら、被差別の当事者であっても「関係ない」で安心する人もいれば、岡井さんのように「『関係ない』と壁を作るのではなく、もっとわたしのことを知ってほしい」と感じる人もいる。「関係ない」ということばは、もっと相手のことを知ろうという努力をやめさせる、思考停止させる力をもっているのではないか、というようなことを話し合った。

「普通」は、東日本大震災の報道でよくいわれる「一日も早く普通の生活に……」の「普通」をどう考えるかということだった。そのグループでは、いろいろ話し合った末に、「それぞれの人たちの（被災前の）それぞれの普通に戻るということでしょう（「普通」は人それぞれ）」ということになった。もちろん「関係ない」も「普通」も、話し合いのあと、壇上からそのやりとりを紹介してみんなで共有したことはいうまでもない。

「締めくくりはこれ！」と最初から決めていたのが、二月号でくぼさんが紹介してくれた「手紙」という詩である。

最終行の「せいぞうさんのあほ」という一文は、思うに、お春さんからせいぞうさんへの強烈な恋文だ。「せいぞうさん、あんた犬のババ踏んでるヒマあるんやったら、なんで早いことウチを迎えにきてくれへんかったんや！」ということなんだろう。「ことば・表現・差別」を考える上で、もしかしたら、すごくわかりやすく、しかし、とても悩ましいことばであるのかもしれない。

今回の研修でどういう反応をいただいたか、アンケートからほんの一部を紹介する。

まず、「気づいたことは……」という問いかけには、圧倒的に多くの人が、「今まで何気なく使っていた言葉にも、受ける側にとっては差別的に聞こえることに改めて気づいた」「自分の使うことばが他者にどう届いているのかを考えずにきた自分に気づいた」「ことばのむつかしさ・重さ・怖さ・大切さ」という内容の回答を寄せてくれている。他にも「はじめから結論が出ないと言われていたが、それほど難しい内容だと思いました」「沈んでいたモヤモヤが浮き上がって心が濁っていますが、このかき回す作業が大切なのか！　と再確認」などの反応もあった。

「改めて学んだことは……」についても同じような回答が多かったが、「たくさんあって書ききれない」「人権感覚はその気になれば、日常の中でみがける」「気づかされたということは、学んだということだと思います」「驚きの二時間でした」「講演の内容には『びっくり』でした。こんなにデリケートなのか……」などに加え、「わからないが、大変良くわかった」という、よくわからないが、わかった気になるようなものもあった。

「必要だとわかったことは……」という設問では、「『差別が何でいけないのか』に反論できるか、説明できるか、本当にむつかしいことだということが良くわかった」「正解はないので考えつづけていくということ」「自分の中にある言葉や表現についての感覚と近いものを伝えておられました。（中略）議論できる力が必要と感じています」「『思考停止』にしないで考える事が大切だとわかった」「お春さんのせいぞうさんへの手紙、～のあほ。心が通い合った最高のことば。ことばは深い。心を届けることばでありたい」などがある。

「これからやってみようと思うことは……」では「日常的に使っている言葉の中に使ってはいけない言葉があることに気づき、書き出してみようと思う。そしてその意味を感じてみたい」「『ことばを意識すると行動が変わる』、意識してみようと思います」などがあった。自分の実践を振り返りながら、「『気にせんでいい』『関係ない』といって結婚を許しているのに、この女の人（部落）はなぜ結婚をやめたのか。地区懇のVTR視聴の後、この意見にうまく答えられなくてずっと心にひっかかっていた。時間をかけてあのときの人たちと話し合いたいと思った」というのがあった。これも「ああ、きっちりと受け止めてくれてはるんや」と感じることができてうれしかった。

「疑問に思ったことは……」の回答の中に「関西弁は、みな、吉本に見えてしまう」というのがあって、「へ、そないにおもろかったのかしらん」などと思わず笑ってしまうのもあった。最後の「その他に書いておきたいことは……」には、「今日の研修を受けて少し賢くなった自分と、言葉を発することが怖くなった自分に戸惑う」「今日の講演はとても良かったです。結論もでませんし、もやもやも残っていますが、良かったです」「本当にもやもやがふくらんでいます。大事なもやもやを持って帰ります。この私のもやもやを、難しいと終わらせないことだと教えていただきました」などのことばが寄せられた。

今振り返っても、多くの人にいくつもの、さまざまな気づきを持って帰っていただけたのではないだろうかと感じることができる。これもひとえに、本特集が教材として優れているからこそではないだろうか。いろいろなところで大いに活用されることを期待したい。

ガッツせんべい　思考停止を解除

くぼたかし

◆答えが必要なのではなく、多くの人と率直に語り合い、思考停止に陥らないことが大切なのですね。

ガッツブヤキ（ガッツのつぶやき）

八月六〜七日とFCTメディア・リテラシー研究所が主催する研修セミナーに参加してきた。福島第一原子力発電所の事故についてのテレビ報道を読み解くことが主要なテーマであったが、改めて「メディアはすべて構成されている」ということを強く感じた二日間であった。何がどう伝えられようとしたかより、何が伝えられなかったかということが重要ではないかと感じた。学校の教師は、子どもにとって大きなメディアの一つだ。そう考えると、何を伝えようとし、抜け落ちてしまっていることはないのか、常に自分自身を点検する必要がある。

ガッツせんでん
No.41
長年のモヤモヤ
「かわいそう」って差別なのか？、「かたておち」は、「てみじかし」どうなんだ……
うきあなさん
大人の学び研究会
モヤモヤの連鎖反応
ヒューマンライツの読者の方々に投げかけてみようということに…
ハイ、編集部です。
特集のことでお電話しました！
これまでにない反響!!
本当にもやもやがふくらんでいます。大事なもやもやを持って帰ります。この私のもやもやを難しいと終わらせないことだと教えていただきました。
参加者○○○
鳥取市での研修会の感想

第5章

いま、改めて考える

こう考える。

西谷隆行

別の、ふたつのことについて考えてみたい。ひとつは、以前から関心の深い「ことば・表現」について、最近なるほどと思わせられることがあって、そのことについて紹介してみたいと思う。もうひとつは、人権について考えるといったとき、まず身近な人権から、という考え方もあるが、世の中に大きな人権の課題が起こったとき、それについて、現在の自分として、どう考えるか対峙してみるのも、問題が大きければ大きいほど大変なことではあるが、必要なことなのではないか、ということである。

先日、テレビを見ていて感心した。若い女性のアスリートが、史上最年少という優勝のインタビューに答えて「私、メンタル弱いんです。スタートの前なんか、いつも足ガクガクで、鶏がらスープに入れられる前の鶏みたいなんです。」と言っていた。

なるほどうまいことを言う。鶏がらスープに入れられるのは、鶏のガラであって生きた鶏ではない、などという突っ込みはともかく、スタート前の彼女の心境はとてもよくわかる。鶏がらスープというのが、熊本出身の彼女らしくて、また好感がもてた。彼女は、「屠所の羊」などという陳腐な比喩的表現は使わないのである。同じ比喩でも、日常身近なたとえを自分の感性のなかで作り出しているのではないか。そう思ってそこに感心をした。

差別的な表現を論ずるとき、いつも気になるのは、差別的表現と言われている表現を〝何気なく〟使ってしまった、という反省だ。差別的な意味合いを帯びたことば、あるいは表現を、それとは知らず、つい使ってしまった。きちんとそのことを知っていればよかったのだが、という言い訳。しかし、その言い方、言い回しが、差別的意味合いをもって使われてきたという事実は、その表現の仕方が、すでに多くの人に使われてきた表現であるという事実でもあるのだ。つまり、その表現が帯びている意味以前に、すでに多くの人に使用されてきた陳腐な表現であるということだ。常に、新しいあるいは独創的な表現ができるわけではないが、少なくとも比喩的表現について言えば、手垢のついた比喩など安易に使う心性にこそ、そもそも問題があるということだ。

「人権をさがして」というテーマでこの連載を書き継いできて、このことに触れないのはいかがなものかという思いがわく。今、目前にある考えるべき大きな出来事をそばに置いてしまう。それでいいのだろうか。

高橋源一郎は、その文章を書いている時点で、流動的であった事態を受けて、スーザン・ソンタグを引きながら、意見を持つことに慎重であれ、と書いた。

それは、フランスの新聞社が、その発行する週刊紙に掲載したイスラムに対する風刺画の故に、テロの対象になり一二人の犠牲者が出た。それに引き続き、日本人二人がイスラム過激派に人質にされ、身代金を要求されているという事件の最中での記述だ。経過中の、情報も錯綜するなかでの「いろいろな見方」の飛び交う状況でのひとつのあり方であろう。

その高橋も、この週刊紙『シャルリー・エブド』については、述べている。彼が引くエマニュエル・トッドの発言のなかに、「ムハンマドやイエスを愚弄し続ける『シャルリー・エブド』のあり方は、不信の時代では有効ではないと思う。移民の若者がかろうじて手にしたささやかなものに唾する行為だ」という一節がある。唾する行為、これを忘れてはならないだろう。

テロ行為は憎むべき残虐な行為であることは論をまたないが、『シャルリー・エブド』の事件が、引き続き起こった残念な結果になった日本人殺害事件と、一連のテロ事件として一緒くたに論じられてしまうことには、ちょっと待ってほしいとの思いを持つ。ジュ・スイ・シャルリとアイ・アム・ゴトーは同じではない。

そもそも世俗主義なる概念はアラビア語にはなかった。世俗主義を表す〝ラーイクリキ〟なる語は、フランス語の"laïque"（俗的な）から借用してきたものだ。

つまり、ここに対立の根本が端的に表れている。フランス革命の最大の敵はカトリック教会であったし、そこで獲得した非宗教性はフランス共和国の第一原理である。公の場に宗教は持ち込まない。

だから、というのはわからなくはない。第一原理がテロという暴力によって侵されそうになったとき、断固として戦う。連帯する。わからなくはない。しかし、その原因となった、「原理」を盾にとった、表現という武器をまとった執拗ともいえる攻撃は、本当に連帯に値するものなのか。テロという行為が突出してしまったために、その不当性のゆえに、口を閉ざしてはいるが、感情としては、「深く傷つけられ」「唾を吐き掛けられた思い」のムスリム（イスラム教徒）の人たちに思いを致すことが必要なのではないのか。

このことに引き続き起こった二人の日本人の殺害事件。テロ行為によって人命が失われたという共通性のゆえに、なにもかも一緒くたにしてはならない。

テロ行為という粗暴さを憎むあまり、そこに潜んでいる問題を忘れてはならない。

一〇年前にデンマークの新聞『ユランズ・ポステン』がムハンマドの風刺画を掲載し、世界的におおきな問題になった。そのとき、カイロ・スンニ派アズハルモスクのイード・アブデルハミド・ユセフ師は、こう表明している。

「ムハンマドの容姿や倫理性は神が与えたもので、われわれの想像の外にあり、だれも写せない。（ムハンマドに直接教えを受けた）『教友』、預言者イエス、モーゼ、そしてマリアの像も禁止。偶像崇拝は許されない」。

それを受けてだろう、日本のある新聞は以下のように述べた。

「風刺漫画という表現方法で、権力者や社会事象などを皮肉るのも、報道の範疇だろう。だが、それによって、敬虔な信仰心を傷つける権利までは、表現の自由にはない」「ムハンマドの風刺漫画が、偶像崇拝を禁じるイスラム教世界でどれほどの怒りを買うか。想定もせず掲載したとしたら、ユランズ・ポステン紙は『無理解』『無責任』のそしりを免れまい」。

これはこれで、日本社会での言説としては、説得力を持つ。しかし、イスラム社会で「どれほどの怒りを買うか。想定もせず掲載したとしたら」という条件は、今回の場合どうなのだろう。そのことよりもなお重んずべきものがあるという主張にみえる。

そしてまた、この連載で何度か取り上げさせてもらった渡辺一夫の問いかけ「寛容は自らを守るために不寛容に対して不寛容になるべきか」を思い出さなければならない。

九・一一のあとアメリカ社会で起こった出来事。

「二〇〇一年のアメリカ合衆国に対する恐るべきテロ攻撃の結果、世界中でイスラム教徒に向けられた人々の注目は、コミュニティーでの人間関係と、わたしたちの寛容性とが実際にはいかに脆いものであるかということを示しています。西洋世界に住んでいるイスラム教徒の人々は、友人であり、隣人であり、共に生きる市民だ、と自分たちが考えていた人々が、急に背を向けて、世界貿易センター攻撃を非難する言葉をかれらにぶつけ、さらには、罪なき男性や女性、そして子どもたちに対してさえ、報復攻撃を行ったことに驚きました。特に気がかりなのは、アメリカやヨーロッパのあちこちで、ヘッドスカーフを身につけていた大勢の女性たちが攻撃を受けることがあるという事実です」という懸念。これと似通った事例が、日本社会でも起こったことがなかったか。たとえば北朝鮮のミサイル発射実験という事態に対して。

　この「寛容性の脆さ」と題された文章に対置して考えたいのは以下の考え方だ。

「寛容な人々の増加は、必ず不寛容の暴力の発作を薄め且つ柔らげるに違いない。不寛容によって寛容を守ろうとする態度は、むしろ相手の不寛容を更にけわしくするだけである」と渡辺一夫は考える。ただ一つ心配なこととして、不寛容のほうが寛容よりも、はるかに魅力があり、「詩的」でもあり、生き甲斐をも感じさせる場合も多い、としている。なぜなら、不寛容は、手っ取り早く、容易であり、壮烈であり、男らしいように見える……。

男らしいか女々しいかはともかくとして、寛容は、忍苦を要し、困難で、時として卑怯に見える、ことも間違いがない。

最後にもうひとつ、コラテラル・ダメージとして括られる幼子の一つの命も、まさにそれらを含めて伝えようとした後藤健二氏の命も、同じ重さをもった尊い命だということだ。

《追記》この稿は、ラリーエッセイという連載の最後の回に書いたものである。折りしも大きな事件「シャルリー・エブド事件」が進行中であった。執筆の時点で、ほとんど触れられていない視点が気になって、それを書いた。


〈参考文献〉

渡辺一夫『狂気について』岩波書店、一九九三年。

エマニュエル・トッド、インタビュー「移民の子追い込む風潮」『読売新聞』二〇一五年一月二〇日。

高橋源一郎「「表現の自由」を叫ぶ前に」『朝日新聞』二〇一五年一月二九日。

「『表現の自由』には責任が伴う」『読売新聞』二〇〇六年二月一一日。

「ムハンマド風刺漫画問題——エジプトとフランスの識者に聞く」『読売新聞』二〇〇六年二月一五日。

『ヨーロッパ評議会——人権教育のためのコンパス』明石書店、二〇〇六年。

〝しかたがない〟のは自分しだいですか

西村信子

〝しかたがない〟ということばには、どのようなイメージがあるだろうか。否定やあきらめを意味し、マイナスの要因に使うことが多いと思う。この言葉を言う側も、言われた側も、もう、その件についてはは議論しないという気持ちが込められている。

歴史の中でも、本能寺の変の織田信長のことば、「是非に及ばず」は有名でもある。子どものしつけにおいても、「しゃーない子や、あかんな……」と言ってしまうと、その子の成長は止まってしまう。また、職場の窓口業務で、説明の中で、「しかたがないですね」と相手を納得させる言葉として、最後に締めくくってしまうことはよくある。はたして、これで終わらせてしまってよいのであろうか。便利な言葉に使っていないだろうか。

しかし、唯一、逆の意味に使っていることを聴いたことがあった。それは、重度の障害を負ってしまった方の講演を聴いた時のこと、その人は、体が不自由になって、できなくなったことの多いなか、常に、ひとこと、「しゃーないやん」と自分に言い聞かせ、次の目標を見つけていった。そのなかには、けっして、あきらめの意味はなく、次へ進もうとする思いを感じた。私はとても感動して、涙が出そうだった。現実をしっかりと受けとめ、自分のものとして、次の自分を見つけていく、切り替えるきっかけとしていた。まさに、前向きなことばに変えていたのだった。ことばは思い替えられる瞬間を知った。

同じ言葉でも、人に希望を与える、絶望感を与える、両面がある。なにげなく使っているなかで、相手にとって、意味の取り方はいろいろであるが、少なくとも、自分から発する場合は、相手の気持に寄り添い、自分が言われた時のことを考えながら発したいと思った。

人権意識ゆたかな感性を育てること

山本淑子

「ことば・差別・表現」について考えるとき、いつも思い起こすことは、私が初めて部落差別と出会ったころのことです。小学校の頃転校した学校が、いわゆる同和教育推進校で、校区に被差別地域を含んでいました。学校では、集団作りや学力保障の取り組みがはじめられたところでした。

私が、当時、被差別部落のことをどこまで認識できていたのかは定かではありません。親の会話の中で、部落のことを知ることとなったのだと思います。「部落」「あそこ」「東の子」というような言葉で、被差別部落のことが会話に出てきました。「あそこへは行かへんほうがいい」「あそんだらあかん」「あの子は部落やから……」。

けっしてよい意味、イメージで表現されることはありませんでした。かといって、いわゆる差別語といわれる言葉が使われていたわけではありませんでした。とてもあいまいで、一般的な言葉で表現されていました。しかし、そこには、差別が存在していたし、私には、部落は避けるべき存在で、できれば行かないほうがよい所……というように伝わっていました。同じクラスの友だちの家へ「遊びに行くな」といわれることへの疑問と反発は持ちつつも、その後、遊びに行く回数は減りました。

そんな経験があったからだと思います。大学に入って、部落問題と向き合うこととなって、「差別語は使わない」という放送業界や出版業界、行政などの取り組み、姿勢に出会ったとき、相手を差別するような表現を使わないことや表現の配慮への一定の価値は認めつつも、それだけでいいのか……との不安と疑問をもった覚えがあります。

のちに、『解放教育』の編集に関わるようになってから感じたのは、差別に気づき、差別と闘おうとする人びと、人権問題にかかわろうとする人たちや被差別の立場からは、それぞれの立場からの「ことば」に対するこだわりや思いがあるということでした。

そして、禁止用語例を作ったり、いちように「差別語だから使わない」というような取り組みだけでは、ともすれば、多くの人びとを思考停止に陥らせ、かえって差別を見抜く力を奪うことになっている場合もあるのだという考えに至りました。つねに、具体的なコミュニケーションの中で、被差別の立場からの問題提起をし、人権を守ろうとする立場からの具体的な働きかけが必要なのだと思うようになったのです。

最近では、コミュニケーションのツールとして、インターネットがどんどん使われ、SNSが広く利用されるようになりました。特に若い人の間では、その世界で差別的表現が幅を利かせていたりすることもあるようです。

ネット世界での差別を煽るような表現や、明らかに人権侵害に当たるようなことばや事象に対しては、いろいろな方々の問題提起と取り組みで、差別語を削除したり、明らかな人権侵害には法的な措置が取られたりすることもあるようです。しかしそれは、「××」「○○」というような伏字で表現されたり、差別語としては例示されていない他の言葉に置き換えられて表現されたりすることで、すぐには見つからない形で続けられているという場合もあると聞きます。

このような現実を知れば知るほど、不断に、差別に気づき、差別を見抜き、差別をおかしいと思える感性を育てること、そして、それを日常の中で、どう育て続けていくのかが大切なのだと思います。また、人権問題のあり方やゆたかな人権意識を、私たちの側から、ことばでわかりやすく、どう表現していくのかということが、これからの大切な課題となっているのではないでしょうか。これらのことは、私の現在いる場所でもいつも考え続けていくべき課題なのだと思っています。

こわがらずに半歩前へ！

川辺桔梗

私が行政の職員となって三〇年余りの間、職場において様々な差別的場面に遭遇してきました。人権問題にとりくむ皆さんからすでに指摘されている「めくら判」「片手落ち」「勝手つんぼ」「てみじか（手短）」などの表現は、さすがに日常茶飯事とまではいきませんが、まだまだよく耳にする言葉です。

就職して最初に配属された部署の教育委員会で、ある日「今度そちらに転入予定なんですが、そちらには同和推進校や同和地区はありますか？」という電話がかかってきました。管理職である上司がすぐ対応職員と電話を代わり、「そのような質問にはお答えできませんし、あなた、そういうことを訊くこと自体おかしい。間違っていますよ！」と言い切りました。私が「おっ、この上司、なかなかやるではないか！」と感心したのも束の間。真夏の暑い日、何色かのゴム紐で段々に束ねている私の髪の毛を見て、この上司が「しまいには荒縄でくくって来るんちがうか！」と笑いながら、公務員だから派手な格好は慎めという戒め的な言い方をしました。上司は私が被差別部落出身者であることをおそらく知っていたと思います。昔、賤民身分の人びとが衣服を布の紐ではなく、その身分の証として荒縄でくくることを強いられていた知識があっての発言と推測されます。突然の上司からの言葉と「配属されて一年目、まだこれから先、この人とずっと一緒に仕事をしていかなあかん、気まずくなるのが嫌だなぁ」という気持ちが頭を過ったのでしょう、私は何も言い返すことができませんでした。

私は、その時以来、その後もずっと上司から差別的発言を受けたことよりも、学生時代に地域や学校でも部落問題や人権問題に取り組んできたのに何も反論できなかった自分が情けなく、恥ずかしく、悔しい思いを持ち続けて来ました。

また、別の部署に配属された時にも、部下への指導の際、非常に感情的になる上司がいて、仕事上のトラブルに対する私の対応が、上司の考える内容と相違し、迅速さに欠けると感じたらしく、「いちいち指示せぇなできひんのか!!」と、他の職員の前で大声で怒鳴られました。窓口の住民の方にもおそらく聞こえていたと思います。その上司は、私に詳細な説明や指示をすることなく、自分一人で動き回り、そのトラブルを処理しました。

私は、本来自分がすべき仕事を上司が処理してくれたので、処理内容と方法を自分自身も理解しておくべきと考え、上司が作成した資料に目を通し、関係課へ確認に行ったりしました。

すると、その上司は「わしが個人的に作った書類を他人に見せるのか！　わしのすることが気にいらんかったら、最初から全部自分でやれ！」と、またも大声で激怒。この時、私は職務に関する自信喪失と、上司の病的な態度に恐怖を感じつつも、上司がプライベートな問題で大変な状況であることや、前部署での仕事上での不満や鬱憤が累積していることを知っていたので、抵抗しませんでした。「この人も大変なんや、そして一種の病気なんや」と自分に言い聞かせていました。しかし、このことをきっかけに、上司に対する極度の恐怖心や仕事に対する不安感が増し、隣の席に座っていることも苦痛になり、業務中に交通事故を起こしてしまい、私自身が心の病となってしまいました。

後で冷静に考えれば、部下への指導の域を超えて自分の感情を抑えきれず相手にぶちまける上司の態度は、明らかにパワ・ハラだと思います。その時は、告発することができませんでした。ハラスメント関係の研修で、雇用主がハラスメント防止対策の取り決めを作成する義務が法的にあることを知った今では、人事担当に作成の有無や相談先を確認したり、行政主催の人権研修を受講して疑問に思ったり問題だと感じた点を人権担当課に伝えるなど、私自身ができることから行動を起こしています。

個人が問題を指摘したりできる知識と勇気はもちろん大切ですが、声を上げた者が孤立せず、

「そうや、私もそう思う！」という賛同の声や、「なるほど、そういう風にとらえられるのか」と、率直に意見交換できる状況づくりが大切だと感じています。

差別用語を使用しないようにするのではなく、現段階での自分自身を直視し、課題にぶつかったら考え、他の人の意見も参考に聴きながら、人権感覚を培うことを続けていくことが大切ではないかと考えます。

人権研修の基本は話し合える関係づくり

カルロス

◆企業内の人権研修で伝えたい事

わたしは、企業での人権啓発研修を毎年数回行っていますが、まずみなさんに、企業行動規範・行動指針に基づいて、企業の理念・方針・CSR（企業の社会的責任）の観点も持って社員全員で人権啓発に取り組む必要があると説明します。

研修では、「啓発とは?」「人権問題とは?」から始まり「人権とは何か?」「差別はなぜ起こるのか?」「差別をなくすには?」という内容を繰り返し問いながら研修を行います。

身近な人権問題を題材にして、人は周りの人との関係性の中で生きていること、つまり職場で共に働く仲間や地域住民の方々、仕入先、取引先、株主、消費者など多くの方々と関わっていることを再確認します。そして、関わるすべての方に人権があることを理解します。

企業においても、人権の視点をもって仕事に取り組むことが私たち一人ひとりに求められています。人権感覚を持って行動すれば、職場のコミュニケーションも活発になり、働く意欲も増して企業も活性すると思います。

◆職場の横軸づくり

人権研修を行う際の身近な課題は、「女性」「子ども」「高齢者」「障がい者」「同和」「外国人」「ネット」「被災者」などたくさんあります。これらの課題を、双方向のコミュニケーションのなかで議論することが大切です。

そして、「心配りができていますか?」「先入観だけで見ていませんか?」「多様性を認め合っていますか?」という基本的な問いかけを重ねていきます。

人権研修では、おとなの学び研究会で学んだワールド・カフェ方式で、季節暦で自分を開示し、参加者に語ってもらう参加型の研修を実施しています。ほとんどの参加者は、同じセクション同士でグループになってスタートしますが、研修が進行するにしたがい、グループを変えていきます。職場の現状として、仕事仲間のつながりは強いけれど、一方で横のつながりが思った以上に弱いと感じたからです。したがって「職場に横軸を作りたい」という思いで、意図的にグループ分けをします。参加者からは、「なぜ、同じセクションの者同士でないのか」

との疑問や質問もありましたが、自分と違うセクションの人と出会うことによって、気づきやヒントが与えられる研修にしていきたいからだ、という趣旨を伝えています。

回数を重ねるごとに、参加者は様々な職場の人たちとコミニュケーションが取れるようになるなど、満足度の高い研修になっています。こうした人権研修は、一人ひとりが自然体で働ける職場づくりには欠かせないものだと言えるでしょう。

◆応用問題に取り組んで

このように、「「ことば・表現・差別」再考」で学んだことを応用して、その方法論を職場で生かすことができるようになりました。それは、「表現の仕方」ひとつで人間関係が変わるからです。

たとえば、職場のいじめ問題は、誰にでも起こりえることで、職員は被害者にもなり、加害者にもなる可能性があります。

ただ、相談窓口の担当者として相談者と対応しても、相談相手は多くを語ろうとしません。被害者は、意外と誰かに相談することができないのが現状なのかもしれません。人と人をつなぐ関係づくりやさまざまなコミュニケーションが重要だと思った瞬間でした。

あるとき、職場で問題が起きました。詳しくは語れませんが、他人への誹謗や中傷、偏見など、「差別表現」のオンパレードです。

このときは、当事者の話を傾聴することの大切さを学びました。発信者は、被害者なのか、加害者なのか、単純には言い切れません。偏見や差別的な行動（無視）の意図は何なのか、状況はどうなのか、受け手側はどう感じていたのか。

差別か否かは後の判断にまかせて、まずはトラブルを検証し誤解を解くのに時間をかけることにしました。そして、相談者とじっくりと話し合いを持ち、理解していただくことができました。

自分の価値観だけで表現しない。言葉を選んで表現し、受け取った側に差別ととられないような関係を作ることとの大切さを学びました。

みんなが違っていいいんです。重要なのは、違いを認めて個人の尊厳を大切にすることだと思います。「人権の窓」を通してさまざまな人権啓発研修に、今後も取り組んでいきたいです。

良好な人間関係をつくる魔法の学習方法

鷹家誠治

ＩＴ技術の進展にともない、電子メールやインターネットは、仕事や生活になくてはならないものになってきている。一方で、それは、文字を主流とした間接的な情報が主体となり、お互いの顔を見ながらやりとりするコミュニケーションが減り、ギスギスした人間関係に陥ってしまい、ハラスメントや、仲間はずしといったさまざまな弊害を起こしている。このような問題を解決するために、企業などの組織では、ハラスメントの防止を目的としたさまざまな取り組みを行っている。

私が所属している会社でも、ハラスメントのない明るい職場環境づくりを目的とした研修や教育に取り組んでいる。最近では、「おとなの学び研究会」（以下、研究会という）が、研修などで積極的に採用している「ワールド・カフェ」というグループ学習の手法などを活用しながら、研修を充実させている。

私が、「ワールド・カフェ」と出会ったのは、二〇一二年二月に熊本で開催された「第二九回人権啓発研究集会」の第二日目の分科会（これからの人権研修）のときであった。それまで、私が体験してきたグループ学習は、誰かがリーダーになり、書記を立て、出されたテーマをもとに話し合い、内容をまとめて発表し合うというのが一般的であった。しかし、「ワールド・カフェ」は、ひと味もふた味も違っていたのである。リーダーもいなければ書記も立てない、内容をまとめることもしない。そんなグループワークだったのである。

こう言うと、読者のみなさんは、まとめもしないグループワークで何の成果があるのか、そんな学習は不真面目だ、などとお思いであろう。もっともである。しかし、実態は大きく違っていて、深い学びが得られるのである、心地よい満足感を得るのである、そして、なにより良好な人間関係がつくられていくのである。

研究会では「ワールド・カフェ」のことを、「よのなかカフェ」と呼んでいる。「よ」四人一組で、「の」のんびりカフェにいるように、「な」中には席を替わったりして、「か」肝心な話題や質問について、まじめなおしゃべりをする。これが、「よのなかカフェ」と呼ばれる由縁である。この学習方法を使って、二〇一二年の秋、私が所属する会社の関係物流センターで、初めて研修会（午前、午後）を行った。テーマは、自分の人生の紆余曲折を語りあう「季節暦」とした。

進め方は、それぞれ自分の人生をパワーグラフで表し、それに基づいて対話してくのだが、生まれてから今までの一生をグラフ化してもいいし、入社してから今まで、場合によっては、最近の一年間をグラフ化してもいいことにした。参加者にできるだけ抵抗なく、ワールド・カフェに出会ってもらいたかったからである。

まず第一ラウンドは、四人一組になり、一人がホスト役になる。そして、それぞれのパワーグラフに基づいて話し合う（一五分程度）。第二ラウンド目は、ホスト役の一人が残ってあとの三人がグループを替わり、同じようにパワーグラフを見ながら話し合う。第三ラウンド目も、同じように席を替わって語り合う。そして、最終（第四）ラウンドは、元のグループに戻って、第一～第三ラウンドを通じて、自分の気づきや共感できた点などを出し合う。要するに「おしゃべりの収穫」を共有するのである。

所要時間は、それぞれ一時間程度で、午前が一三名、午後は二八名であった。二回とも、受講者は、何がはじまるのだろう、何をさせられるのだろうと疑心暗鬼になっているようであった。しかし、話し合いがはじまると、どのテーブルも、語り手の話を、他の三人が、しっかり見ながら聴いている。しかし、それは、とてもリラックスした感じでもあった。そんな光景があちこちで見られた。

テーブルに近寄って聴いてみると「今は、親の介護で頑張っている」とか、「最近、離婚して子育てに追われる毎日なんです」などと、自分自身のことを語っているのである。聴いている三人はみんな真剣で、しかし、やさしい顔で、話している人のことを受け入れているようでもあった。

研修が終って、感想を聴いてみると、「こんなに心地よい話をしたのははじめて」「その人のことがよく理解できた」「対話の大切さに気づかされた」といった内容であった。研修を実施した者としてとてもうれしく思ったことを覚えている。

このように、「よのなかカフェ」は、相互尊重を基本に対話を重ねていく学習方法である。だから、そこに参加した人たちは、新たな気づきや知見を得るとともに、良好な人間関係づくりを感じることができるのである。まさに、「ワールド・カフェ」は「魔法の学習方法」なのである。私はその後も、毎年、人権推進担当者研修会やグループ会社人権研修会などで活用している。

読者のみなさんも、ぜひ一度、この「よのなかカフェ」を使った研修会を実施し、受講者が、人間関係と自分自身の可能性の広がりを感じていくすがたを実感していただければと願っている。

執筆者一覧

掲載順・肩書きは月刊『ヒューマンライツ』掲載時。
今回、加わった原稿は執筆時点のものです。

浮穴正博	元富田林市市立中央公民館館長
岡井寿美代	部落解放同盟高槻富田支部副支部長
平山藤五	編集者
大西英雄	元企業の人権担当者
笹野貴広	富田林市人権政策課
鶴岡弘美	富田林市人権協議会
西村寿子	月刊『ヒューマンライツ』編集者
竹内 良	JFEスチール株式会社
西谷隆行	元企業の人権担当者
岡田耕治	子ども教育広場
佐藤文彦	月刊『ヒューマンライツ』読者
寺原裕明	福岡県・筑前町公民館館長
平沢安政	大阪大学大学院人間科学研究科教授
野中佑加	泉南市人権推進課
川西なを恵	兵庫県篠山市在住
大森直樹	東京学芸大学教員
臼井敏男	元朝日新聞論説委員
上杉孝實	京都大学名誉教授
長谷川美穂	一般社団法人大阪市生江人権協会／人権ファシリテーター
守帰朋子	フェミニスト・コーチング大阪代表
福寿みどり	財団法人鳥取市人権情報センター
川野憲二	泉佐野市人権推進課
くぼたかし	大阪府在住 小学校教員
松波めぐみ	財団法人世界人権問題研究センター専任研究員
白米一満	月刊『ヒューマンライツ』読者
宇仁田 元	月刊『ヒューマンライツ』読者
蔵田和子	地域の国際交流を進める南河内の会〈モザイク〉事務局長
西村信子	泉南市立青少年センター
山本淑子	大阪市在住　元編集者
川辺桔梗	行政職員
カルロス	企業の人権担当者
鷹家誠治	生駒市在住

「ことば・表現・差別」再考

2015年11月20日　初版第1刷発行
2016年12月15日　初版第2刷発行

編者　おとなの学び研究会

発行　株式会社　解放出版社
〒552-0001　大阪府大阪市港区波除4-1-37　HRCビル3階
TEL 06-6581-8542　FAX 06-6581-8552
東京営業所／東京都千代田区神田神保町2-23 アセンド神保町3階
TEL 03-5213-4771　FAX 03-3230-1600
振替 00900-4-75417
ホームページ http://www.kaihou-s.com

編集協力　アジール・プロダクション
デザイン　米谷豪
DTP　STELLA

印刷・製本　モリモト印刷株式会社

© Otonano manabi kenkyukai 2015 Printed in Japan

定価はカバーに表示しております。落丁・乱丁はお取り換えいたします。

ISBN978-4-7592-2348-4　C0036　NDC379.4　208 p　19 cm